Meglio Tardi Che Mai

迟 到 总 比 不 到 好

高贵的靴子

—— 我们成长在意大利

张长晓 主编

朝華出版社
BLOSSOM PRESS

图书在版编目（CIP）数据

高贵的靴子：我们成长在意大利 / 张长晓主编 . —北京：
朝华出版社，2018.8
　　ISBN 978-7-5054-4266-5

Ⅰ . ①高… Ⅱ . ①张… Ⅲ . ①留学生－学生生活－意
大利 Ⅳ . ① G649.546

中国版本图书馆 CIP 数据核字（2018）第 094491 号

高贵的靴子——我们成长在意大利

主　　编	张长晓
选题策划	史诗娆
责任编辑	赵　倩
特约编辑	孙　开
责任印制	张文东　陆竞赢
封面设计	仙境设计

出版发行	朝华出版社		
社　　址	北京市西城区百万庄大街 24 号	邮政编码	100037
订购电话	（010）68996050 68996618		
传　　真	（010）88415258（发行部）		
联系版权	j-yn@163.com		
网　　址	http://zhcb.cipg.org.cn		
印　　刷	环球东方（北京）印务有限公司		
经　　销	全国新华书店	字　　数	102 千字
开　　本	889mm×1194mm 1/32		
印　　张	6.5		
版　　次	2018 年 8 月第 1 版　2018 年 8 月第 1 次印刷		
装　　别	平		
书　　号	ISBN 978-7-5054-4266-5		
定　　价	36.00 元		

CONTENTS

目　录

PART3　你所不知道的意大利

PART4　不同身份的人，从他的角度对你谈意大利

◆ 张 楚

上次去米兰，从机场到市区的路上，发现一个新的、很工业化的雕塑伫立在公路的小花园中间，这似乎象征着意大利的经济在缓慢地继续复苏。意大利的工业似乎巧妙地隐藏在它的充满古典气质的城市建筑之后，让人在被它表面的优美迷惑的同时，却总是不时爆发出该有的创造力。第一次去意大利是去佛罗伦萨，看朋友的现代舞排演，被它下午华丽的阳光和咖啡打动之后，竟然碰上晚上市庆的烟火表演，所有人聚集在河畔，像一场古老的盛会。从那以后也认识了长晓，他带我了解了更多的意大利城市与乡村，以及那里的华人还有他们的生活，也很钦佩他对意大利音乐的深邃的理解，和渴望将之与中国文化撞击共鸣的愿望。在意大利，我们看过几场摇滚乐演出，也认识了一些年轻的乐队，在不经意的火车和自驾的旅行中，很能感到乡村的闲适的完美和城市里相对匆忙的节奏，但还是总感到平缓从容。长晓给我介绍了很多意大利优秀的音乐人，可以看出意大利对当代音乐文化的包容，这在中国现阶段还是难以想象的，有些很红的乐队很搞笑，有几个唱作人的歌词写作水平让人深深地被他们文化底蕴中对情感的思考所折服。如果说现实生活是一个层面，那么情感认知是他们自始至终在不断完善的一个内在工作，这个和表面的情感宣泄当然非常不同，就像中国的父母，现在更注重认知学习自己与孩子的关系，以使他们变得更自信自然，这一定会让人对自己的人生有更新的理解和创造，从而变得更加真实。

　　每次去意大利的时间并不是很长，但是长晓总是给我一些新鲜的体验，他甚至做了一届华人的米兰春晚，和当地的华人聊天，看到他们在异国的生活，感觉餐厅已经融入一些意大利元素在里面了，有的又像在中国的某一个城市。我还是很喜欢在一些巨大的老房子外面闲逛的感觉，可以一边稍微自然地呼吸，一边给自己一些想象。意大利的现代文化一定经历过很多曲折的变化，就像在中国的今天，同样也经历着某些层面的转变，让人们的内心更加沉静的苏醒。希望在这种世事匆忙中，旅途可以变得更加清晰。

谈谈在意大利生活的华人

——意大利Rai国家卫视特约评论员马尔佳

很多年前，我第一次碰到在意大利生活的华人。当时我在威尼斯大学学习中文，在威尼斯火车站我遇到了一个来自浙江的小伙子，我不记得是什么原因开始和他聊起天来。我们聊了很多东西，他告诉我他在一个威尼托的工厂里上班，后来我们交换了联系方式，就这样一直与他保持了多年的联系。

有一天他从威尼托来贝加莫找我，我的父母便沏茶招待了他，他们聊得很开心，这时我注意到对中国人来说家庭关系非常重要。这种关系不管是在中国还是意大利或者其他国家，对他们来说，这是生活一个很重要的方面。后来我才发现跟中国人交朋友，如果你需要帮助，不管怎样他们都会一直陪在你身边，时刻帮你解决问题，所以我非常喜欢中国人的这个特点。那在意大利的话，这种关系原来也是很重要的。但是我最近发现，特别是在北方的一些发达城市，人与人之间的距离越来越远。很多人都变得很自我，认为自己是最重要的，连自己的邻居都不认识。有的与自己亲戚的关系也不是很近，很少有人能去陪伴亲人，当亲人生病了，他们很孤独，没有亲人和朋友在身边照顾。

我感觉在米兰的华人街并不是这样，像很多年前的意大利，人们互相都认识，愿意互相帮忙。当然也是因为中国人的文化就是以礼相待，但是华人们习惯在自己的生活圈互相帮助，解决问题。不过从我的经验来看，有时候去中国餐厅吃饭，服务员都是很热情地和我说话，给我的感觉是他们很欢迎我。比如说，我有时候去参加活动或项目，都会碰到很热心、很客气的中国人来为我解释我想知道的问题。

以自己的经验来看，其实中国人是很热情的，不过对他们来说语言是个比较大的障碍。中国人跟其他国家的人相比，好像不太愿意主动迈出第一步去交流，而是在等着外国人主动接触自己，希望外国人来融合自己国家的文化。当然，可能因为中国的历史文化背景，才出现这种现象，虽然中国人对外国人很热情很欢迎。

现在的华人二代，从小出生在意大利，是中国血统，他们作为一座桥梁，能够给两国的文化交流带来很大的帮助。

有时候我很希望中国人会更加主动去和意大利社会融合，不要等意大利人主动来和中国人说话。我觉得最重要的一点就是，首先不论哪个国家的人，每个人都应去尽职责和履行好权利。如果自己不尊重自己的国家的法律规定和文化，怎么能去更好地对待外国人，用中国话来说就是有点丢面子。意大利和中国都是人文历史很丰富的国家，所以这一点我们肯定都能做到。我经常看到，意大利人和中国人在一起合作的时候，共赢的机会越来越多。

我在中国的新华社工作了大概八年，作为一名意大利驻中国的记者，我给中国市场报道意大利的新闻。在工作中，两国间能够继续合作下去是肯定没问题的。如果想提高本国的文化水平，必须和别的国家加强合作。

现在我在意大利的一家电视台工作，经常有人来推荐关于中国的一些报道。每次这类报道，我看我的同事和领导都比较吃惊，都问我真的可以请中国人来电视台做客吗，真的可以去中国人的家里拍他们一天的生活吗？这就说明，意大利人之前没想到中国人还是挺好相处的，比较开放。如果找到与中国人正确交流的方式，还是很容易与中国人共事的。所以我很愿意去报道跟有关更多中国人的新闻和话题，感谢那些能够传递两国之间文化交流的华人，让更多的意大利人慢慢去了解不一样的中国人，最重要的前提还是需要利用本土华人的力量去做宣传。我想我们会越走越好。

LongMorning工作室美惠子翻译

　　去年朋友曾问我是否有意撰写一本有关教育方面的书，我表示可以，出版社的史老师和我洽谈，几经商榷，决定做一本有关意大利文化教育方面的书。这本书主要介绍在意大利生活的华人的故事，借机给来意旅居、留学、工作的国人提供一些意大利的文化信息。

　　意大利是欧洲传统文化的摇篮，曾孕育出罗马文化及伊特拉斯坎文明。而罗马曾经是罗马帝国的首都，几个世纪以来都是西方世界的政治中心，十三世纪末的意大利更是成为欧洲文艺复兴的发源地。如今的米兰，是对时尚界最有影响力的城市，是名副其实的世界时尚与设计之都。意大利地处南欧半岛，终年阳光充足，沟通东西方各国的繁盛的商业贸易孕育了意大利人豪迈、爽朗、乐观、热情的性格以及崇尚自由与懂得享受生活的人生态度。

　　深远的历史传承赋予了意大利独具鲜明的文化特征，纵观意大利的地理、历史、政治、社会生活及其艺术、思想，就像浏览一幅丰富的文化织锦。无论是集聚壮观古迹的罗马、文艺复兴起源的佛罗伦萨，还是纸醉金迷的水上威尼斯，都令人难以抗拒对它的着迷。

还有意大利的美食，也同样久负盛名。去年我被邀请作为携程网的美食家评委，就针对意大利与欧洲其他各国的美食进行了评比，意大利美食要更显得亲和平易，十分大众化，最有名的是比萨和通心粉，颇似中国的面食。据说现在的意大利料理还是当年马可波罗从中国借鉴回去的，至于是否属实，我也未曾考察过，但至少说明两国在很早就进行了美食文化交流。意大利的甜点——提拉米苏和冰淇淋可谓一绝，香浓幼滑，百吃不厌。意大利EXPRESSO咖啡也是饮食中的经典，香气袭人，苦中带甜。还有意大利的音乐，意大利雄厚的文化资源涵养造就了不少优秀唱作人，音乐传统也延续至今，如被视为民谣圣人的法布里奇奥·德·安德烈（Fabrizio De Andre'），另外像乔瓦诺蒂（Jovanotti）、费南尔迪（Eugenio Finardi）、泰斯塔（Gianmaria Testa）等，延续前辈们的脚步，继续开疆辟土，将意大利流行乐发扬光大。

时至今日，意大利在时尚、设计、艺术领域的教育享誉全球。

　　在我看来，没有哪个国度能够像意大利那样让我如此神往和着迷。陌生的一切和看上去熟悉的周遭能够贴得那么近。

　　一并致谢：意大利驻华大使馆文化处、意大利国家旅游局、中国驻米兰总领事馆、意大利驻广州总领事馆、意中文化交流与发展研究中心、意大利Rai国家卫视、都灵大学孔子学院、意大利外国记者家协会、意大利杏仁学社、意中文化艺术基金会、新华社、倪萍、杨亚洲、张楚、小倩、Elio e le storie tese、Stefania Stafutti、肖鑫、管海波参赞、罗睿、陈阳、文化中心Alex、马尔佳、米兰学院周颖超、史诗娆、助理黄世珍、Elena Pozzoli、Francesco Grieco、Chiara（Elio）、意大利经纪团队Gaetano Settegrani、商务合作负责人高连兴、王卫平、毛轩轩、黄晓玲、徐国栋等。最后感谢朝华出版社编辑赵倩、摄影师王志豪以及意大利神州旅行社、森淼意大利语学校对这本书的大力支持。

张长晓

2018年4月9日于米兰

PART 1

人文生活

　　中国和意大利都是文明古国，但文化差异很大。即是进入当代，差异虽然在缩小，但是细致观察，仍然可以看到两国人民在工作生活上的心态差别较大，比如：北京的人们过于繁忙，大家奔忙于工作；而意大利人则享受缓慢放松的愉悦，他们主张"la vita bella"（美好的生活），这里不需要赚太多的钱，尽情去享受生活的乐趣，一群人在一起聊天就是最完美的享受。北京的城建注重快速的现代化，近十年来高楼大厦崛起，相反意大利则注重保存传统建筑，意大利的建筑基本都是具有几百年的历史，他们爱着这种传统，以至于渗入到每一个意大利人的血液中。有一句笑话就曾说，如果意大利的祖先活过来，也可以找回他们的家。在地缘气候上意大利比起中国来显得单一，意大利有着一派热带风情，街上栽着一棵连一棵的棕榈树，四季常青。城市也就永远是绿意盎然热闹无穷的样子，让人觉得寒冷与孤独从不会到来。这样的市容是更乐观有味道的，虽然有点乡土气，有点陈旧，但不得不承认，让人很舒服。而中国在地理和气候上就非常多元化，国家疆域跨度大，气候多样化，有的地方令人放松，有的地方则让人感到严肃。但是，意大利和中国最大的相同之处则是人们都非常友好，好客而富有人文素养，两国人民都将与人交往看作社会生活的重要组成部分，这体现了传统文化所赋予的良好教养。仅凭这一点，两国所谓的差异都是可以克服的，都是可以通过对话和交流互相得到教益的。

留意儿番寒暑——东学西渐

今年的米兰又没有雪。整个冬天意大利都被厚厚的白雪覆盖，唯独米兰，始终不见半片雪花。淅淅沥沥的小雨，总让路上的行人变得很尴尬：撑伞不是，不撑伞也不是。

十字路口，一辆疾驰而过的汽车溅起了路边坑坑洼洼里的脏水，下一秒，所有的脏水都布满了我的鞋子、裤子、怀里的鲜花，以及我最珍视的脸。好吧，我不生气，因为快要习惯了意大利人开车这种非但不会减速避开水坑，反而会加速驶过的特点。

记得我刚到意大利的时候是2010年，夏末秋初的九月，从背对着父母流着泪的双眼，到独自面对整个陌生的国度。

很多的成长，都是在无数个不经意的瞬间。独自走在陌生的城市里和怎么听都觉得教室在念咒语的历史课；用一点儿也不流利的意大利语和房东吵架，直到邻居报警，警察把我们带走；因为没有工作经验，就连一份最基础的服务生的工作都求不到；兼职结束，独自下了班后，午夜的街头全是小混混，什么打架偷车，权当自己没看见；辛辛苦苦课余时间兼职赚到零用钱，还要被同胞坑骗，突然对人性有了新的领悟；被意大利人的无原则打败，连续两年没能注册研究生，一个人在世界四大时尚之都之一米兰最繁华的大街上边走边哭，哭到看不清两边擦肩的是男是女；在推着行李回家的路上，路遇劫匪抢劫，所有的证件、信用卡、现金、钥匙全都没有的时候，那种感觉真的才叫"一无所有"……

无数个四下无人的夜，我都会问自己有没有后悔当初选择只身来到意大利读书。前几天在跟母亲聊天的时候，她也跟我聊起这个话题。

我当时不假思索地回答说：不后悔呀。因为我知道，如果当初我没有来到意大利，我应该还是个只会煮泡面的"巨婴"。正像那句老话说的，没离开家的孩子长不大。

离开家，在意大利生活的六年里：从在家不识柴米油盐，到如今可以自己做一桌家常菜招待朋友；从在家找不到任何东西只会喊妈妈，到如今把家里所有不常用的物品全部统一收纳到贴有标签的纸盒里；从在家只会跟在家长身后，到如今一个人可以独当一面应对生活中的大事小事；从在家只会一味地任性花钱，到如今深知赚钱的不易，懂得了人生需要克制；从在家的一遇到困难只会发脾气，到如今第一反应是我该如何解决问题……

人，总是要成长的，不是在这里，就是在那里。如果让我重新来过，我还是会像当初一样，选择来意大利。

这里有我这辈子都舍不得戒掉的意大利咖啡，有南部人拉着你的手恨不得把整个家里的食物都送给你的热情，有夏季温暖的地中海阳光，有欧洲保存最完整的历史遗迹，有一年四季怎么都看不完的艺术展览，有贝尼尼的传世雕塑、达·芬奇的《晚餐》、米开朗基罗的大卫，有托斯卡纳的风景如画……

曾经有个驴友留言跟我说：意大利简直就是人间天堂。我犹豫了一会儿回复她：那你是没在意大利生活过，这里的人会让你崩溃，因为意大利人唯一的处事原则就是"看心情"。现在想起来，是我们两个都不客观。如果要客观地评价一个地方，那就既要看到它美的一面，也要承认它不完美的一面。

从清末到民国时期中国进入了一个全面向西方学习的时代，史学上称为"西学东渐"。而今，中国已从落后挨打的历史阴影中走出来，但教室里课堂上书本中的"民族复兴"并不是一条径直平坦的大路。作为一个已留学几番寒暑的学生，唯愿，我们留学在外的学子们学习西方文明的同时，亦为宣传东方文明献出力所能及的微薄之力。

（孙僖蔓　本科毕业于罗马美术学院，硕士毕业于米兰杰卡摄影学院）

亲人之间应该说谢谢吗？

今晚感慨良多。跟一位母亲通了电话，她因为儿子的事情感到苦恼：好像孩子对自己不够孝顺。因为这件事情，我们聊到了亲人之间的相处方式：中国社会里亲人之间的"理所当然"与西方社会里亲人之间的"相敬如宾"。

中国的父母似乎天生就必须为孩子牺牲一切，孩子则天生就要对父母百依百顺。这种互动中，父母对孩子的付出与孩子对父母的关怀，都被认为是理所当然、天经地义的。这种理所当然，甚至到了"你对我好是你应该的，你一旦对我不够好，你就是欠了我的"的程度。举个最简单的例子来说，孩子给父母打电话，很有可能听到的是："怎么这么久才给家里来电话？"父母怨，孩子也内疚。潜意识里，双方都把打电话当成是理所应当的，而不是值得感谢的事情。

而西方，父母和孩子打电话会说些什么？机缘巧合，我和一对意大利父母一起生活了一个月。这个月里，他们的孩子给他们打了两三次电话。而这位意大利妈妈都对孩子说些什么呢？"哦亲爱的宝宝！""谢谢你这次来电话！拜拜，要好好的啊！"当然不能太泛化地说所有西方人都这样，但个例在某种程度上也能反映一种社会风气，况且，这还发生在家庭观念同样很重的意大利人身上。可见，我们认为太客气的"谢谢"，并不是疏远的代名词。

像这样"客气"的对话，几乎不可能发生在中国的父母子女之间：太肉麻，中国人含蓄，听不得这样的措辞。而且，为何要感谢？这不是理所应当的吗？

这种莫名的亲情使命感让中国的家庭关系变得沉重，这当中夹杂着太多的"理所应当""你欠我的"。我们身上背负着许多"责任感""仁义"，有时候这种隐忍与信念能换来一些深厚的感动。但同时，当我们没被同样对待时，失落感也会更强烈。当然，没什么重大矛盾时，一切顺风顺水，而当出现危机，总有人会透不过气，"该"与"欠"的獠牙便露出来了。所以，何不解放自己，解放亲人，走出"理所应当"的循环，发自真心地对每一个善意说"谢谢"？

　　几个月前，我还是那个坚决抗议家庭内部说谢谢的传统分子。为什么抗议？很简单，老公老跟我说谢谢，我实在受不了，简直太肉麻、太见外、太不自然了，为此我们争论好多次，甚至连汉语里面"谢"一字有拒绝的意思这种论据，我都搬出来了。比如"谢客""谢绝"，都是拒人于千里之外的用词。像"我谢谢你啊！"这样的表达，似乎也不是什么好话。所以，我一直坚信自己的立场，直到住进了意大利的家庭，才开始动摇。

　　这对意大利夫妻（之前提到的意大利父母），"谢谢"源源不断。吃完晚饭，丈夫给妻子拿了一块巧克力放在桌子上，妻子看到了，开心地笑了："uhh che bellezza！Grazie"（棒棒哒！谢谢！）。是的，你没听错，我每天都要经历这种恩爱场面好几次。我至今鲜见他们这样的年龄的，仍能保持着这种带有点儿童趣的恩爱"老夫老妻"。这不禁让人思考，是不是这种"相敬如宾"的相处方式，让他们之间的感情在感恩中能愈久弥香，而不至于在理所当然的互相索取与互相绑架中消耗殆尽。

　　可能你会问，感激为何要说出来？心里知道就好啦！但是，为什么不说呢？如果内心真的认为应该感恩，为什么不用语言表达出来呢？认知语言学之父Geonge Lakoff（乔治·莱考夫）认为，话语塑造我们的思维框架。当我们重复地说一个词，这个词不仅反映我们的思想状态，同时也会反过来加深自我认知。简单来说，你说"谢谢"的同时，多多少少有一种提醒自己要感恩的作用。中国文化一直认为做的比说的重要，"只可意会不可言传"，说不说不重要，内心知道就好了。而西方的文化似乎更崇尚表达，尤其是感恩之情。数据表明，英语中thanks/thank you的使用频率是240次/百万词，意大利语中grazie是351次/百万词，而汉语中的"谢谢"却只有少得可怜的34次/百万词（数据来源于sketch engine TenTen corpora）。

这似乎差得有点儿多。中国人是如此不爱口头感恩，坚信什么都能通过行动传达。但仔细想想，行动与言语之间并没有矛盾关系。真正让人抗拒的是只有言语，没有行动。但如果是行动再加上表达，难道不是锦上添花吗？

确实，对于已经沿袭多年的相处习惯来说，再做改变很难。如果父母听到我说谢谢，他们可能会觉得奇怪，毕竟我们这么多年的相处模式都是"心知就好"。

无论如何，最重要的并不是说或者不说。真正重要的是，自己的内心能不能感恩亲人对自己的付出，同时也对（你认为的）亲人可能对自己的误解和偶尔的忽略，保持开放的心态。

（余丹妮　北京外国语大学意大利语老师）

米兰生活启示录

　　回国已满四年半，提笔再写关于意大利留学的种种时，千头万绪的场景闪现在脑海里，让我想一想该从何谈起。

　　时间倒回至2010年10月20日，为了搭乘便宜的国际航班，预订了半夜1∶30从北京出发的机票。我和小伙伴都是第一次出国，把箱子塞到限制重量的上限，全身上下穿上几层春夏秋冬的衣服，就是为了多带几件衣服出国。飞机抵达米兰马尔本萨机场时，两个体验我至今难忘：地中海深秋傍晚的阳光好刺眼；原来形容城市的词语不仅仅只有喧闹二字，城市也可以如此安静、安详。

　　住是留学生活中最关键的因素。

　　第一个米兰住处是一户中国人的家，房东单身住一间房，另外两间分别租给留学生。刚开始留学生们都小心翼翼地生活，熟悉起来之后房东就开始神采奕奕地告诉我他当年在日本叱咤风云混黑社会的峥嵘岁月。我控制着内心极度的恐慌，淡定并且装作好奇的样子和他聊天，择日则以最快速度选住处并搬了家。现在想起来始终觉得房东是个可怜空虚的人，这话里的真真假假也正是他所选择的生活方式。之后又因为稀松平常的原因陆续搬过三次住处，但始终没有第一次的经历来得惊心动魄。所以建议初到米兰求学的学子，可以着重考虑学校提供的校舍，一开始生活的品质和环境能有所保障，等到对周围环境熟悉后，再考虑搬出宿舍居住。

衣是品位的外在表现。

作为一个在中国小城里出生成长的80后乖乖女，穿着方面一直没有什么太多的自我见解，虽然在这方面做了各种尝试，但是进展似乎并不顺利。然而穿着一袭红衣或碎花衣裳站在米兰街头，放眼望去，满大街的人都穿着满满时尚气息的黑白灰色服装，终于体会到这其中气场的差异和不协调。

学习从模仿开始，这是很健康的学习思路，以至于再回国时，箱子里已满是黑白灰。当年搭配拙劣的女生，也透露出了米兰的时尚气息。当然，色彩不是衣服的全部，更不是品位的全部，长时间浸泡在时尚坛子里的过程才能使品位浸透全身。完成此蜕变至少需要三个因素：时间、环境和开放的心态，而这一切也都不是金钱能买到的。所以我也极为反对不断用买名牌和奢侈品来彰显品位和生活质量的行为。

食是一个人适应力的象征。

很庆幸父母给了我一个世界胃，我一直热爱各种美食。体验异国食物的过程也很美好，至少能为未来生活增加些谈资，接待外国人的时候，能够设身处地为他们的胃口考虑。在我看来，意大利的美食在口味上与我们中国的美食有很大差异，主要原因在于烹饪理念不同。意大利人料理中讲究体现食材本身的味道，而我们的料理中更加强调口味的馥郁。他们的用餐过程很注重仪式感，这种仪式感体现在器皿的选择、用餐的规矩、与人的交流过程中，后来我才明白，这种看似很隆重的过程和体验正是生活的情调所在。回国这几年，在上海的生活节奏一直很快，我有时会用这种仪式感装点一下生活，就像拍电影需要理性地规划高潮、小高潮、低潮的时间点一样。

行万里路胜读万卷书。

当你有一天走进了历史书中的欧洲文明，行走便是最深度的学习方法。留学期间，身边的小伙伴无一不流连于欧洲的大城小市，而且中国家庭的经济条件也越来越好，留学生中几乎已无苦行僧般的求学者，加上我们这一代独生子女居多，父母省吃俭用也会善待家中唯一的小孩。因此除了读书，只要有假期，我便早早地规划路线和小伙伴们一起出游，持欧盟护照不用签证就可以畅游申根国，外加小于26周岁的欧盟学生去欧洲很多博物馆都免费的有利条件，那几年真是大开眼界。

机缘巧合地选择去意大利留学，一开始会被人质疑为什么选择意大利，似乎在国人传统观念中，家里的小孩去美国、英国才算是正统的留学，而他们并不清楚米兰理工大学的设计专业欧洲排名第一，意大利是欧洲第四大经济体，科技和工业实力全球排名前列的事实。作为一位从国内外教育系统中一路走来，从一个受教育的小孩的身份转变为教育大学生的讲师，我深刻地感觉到教育的无形。意大利的老师很少填鸭式地讲解知识点，大多数情况下都是在激发甚至压迫着学生去自我挖掘知识系统和体系，他们只负责传授思考的方式，指明获取知识的途径并且在关键节点指正，学生也在这种看似无意识的训练中逐步成长起来。如果再给我一次留学的机会，我依然会选择米兰，选择意大利。

（章彰　曾留学于米兰理工大学，现就职于上海华东理工大学艺术设计与传媒学院工业设计教研组，担任讲师。）

在意大利生娃如何选择医院

在意大利生孩子，虽然选择医院不复杂，但还是有那么点儿小讲究的。前提要明确的是产检医院基本上就是到时生产的医院。

首先要考虑的是路程远近，能近就不要远。不像在国内，意大利的医院是不提供待产住院服务的，除非产检有问题，确实需要监控胎儿状况。一般情况下，健康孕妇都会在家待产，直到有见红、破水、规律宫缩等症状才会自行前往医院，所以当然还是医院近点儿好。

我生球儿在医院等待检查时，遇到另外一名孕妇，她已经开始宫缩，但是经过检测，医生认为宫缩还不规律，还是需要一定的时间才会开始，于是被劝回家等待（求产妇心理阴影面积）。直到傍晚她又一次来到医院才被接收。这要是医院选得远了，来回折腾不说，路上遇个堵车什么的，多危险啊。

其次要打听好想去的医院都提供什么生产方式，主要包括剖腹产、顺产和水中生产。在意大利，如果不到万不得已，医生是不会实施剖腹产的。只有在产检出现问题，比如胎位不正等有一定危险时，才会采取。

顺产是大部分孕妇采取的方式。这就有一个问题了，要不要打麻药来个无痛分娩。懒妈是个极其怕疼的人（一定记住这句话！懒妈的分析都是集中在减少疼痛感上），所以我毫不犹豫地选了无痛分娩。意大利医生的麻醉水平很高，但是大约只有四分之一的孕妇会选择无痛分娩，相比法国四分之三的比例来说，这个比例是非常低的。麻醉师也没有跟我们解释这其中的缘由，但是我们私下分析，可能跟意大利社会中的宗教气氛有关，完全自然生产才是最"天然的"，这是成为母亲应该经历的阶段。不过这也仅仅是我们的猜测。

如果像懒妈一样选择了无痛分娩，记得在产前和麻醉师预约，需要签署一些文件表示同意。懒妈建议，还是应该去签一下，因为如果签署了这份文件，生产时产妇可以选择打或者不打麻药，但是如果没有签文件，生产时是一定不给打的。

另外，有些医院在周六和周日不提供麻醉服务，这跟医院的大小没有关系。例如我去的那家是一家很大的医院，麻醉师解释说，就是因为大，人手不够，周末时麻醉师一定要待命于急诊室，所以如果你的娃儿周末发动了，真的很遗憾。懒妈的朋友生娃儿去的是一家规模相对小些的医院，周末倒是有安排麻醉师给产科。懒妈之所以选择那家周末不提供麻醉的医院，完全是因为懒妈婆家亲戚就是那家医院的麻醉师，可以随叫随到，即使赶在周末也不怕。

关于无痛分娩这件事，懒妈说了这么多，总之，大家记住：一定要问好你的医院是不是一直有麻醉师随时待命！

水中生产不是每家医院都提供。懒妈去的那家大医院有一个产房配备了水中生产设备。单从产妇的角度说，水中生产理论上可以减少疼痛感。但是懒妈没有尝试过，不敢妄下评论。懒妈一开始就把水中生产方式排除了，因为水中生产"不能"打麻药！也就是说万一生产过程中觉得疼得受不了了，也不可以再把麻醉师叫来无痛生产。

最后懒妈简单说说自己的经历。早上五点破水，七点多到医院，检测胎心宫缩，登记信息，B超时差不多十点，已经开了三指，疼得一揪一揪的，马上进产房打麻药。孕妈们不要听很多什么过来人说打麻药有多疼，相信懒妈，真的不疼，宫缩时，懒妈唯一的想法就是：快，上麻药，快打，快啊，打啊！打了麻药接下来就像懒爸形容的，懒妈立马轻松了，坐在产床上东张西望，真正开始生产是大约中午十二点，侧切，下午不到两点，球儿就出来了。第一胎算是很快了。之前有朋友生产前信誓旦旦地说一定天然生，到最后还是打了麻药。

（倪娜　精通英语、法语、意大利语，现为全职母亲。）

意大利托儿所、幼儿园入学参考

我在欧洲十多年，一半时间是在法国上学，另一半时间在意大利安家落户。随着经历的增加，对于意大利的文化习俗、当地生活虽然算不上精通，但也略知一二。

生活在意大利，并没有人们想象的那么"浪漫"，很多时候和国内一样，需要面临很多实际问题，特别是有了孩子之后。

中国人很重视孩子的教育问题，从入幼儿园到上大学，每一步都被认为是人生不可逆转的重要组成部分，所以从选学校开始，家长就要投入很大精力。而在意大利，相对来说这些过程会简单些。意大利儿童可以从三个月起入托儿所，满三岁起进入幼儿园，满六岁开始上小学。

托儿所，意大利语为asilo nido，一般是照顾三个月到三十六个月的小宝宝，也有的只接收六个月以上甚至一岁以上的孩子。托儿所分公立和私立。公立的人数比较有限，需要提前注册等位子，优点是价格便宜；私立比较贵一些，也有名额限制，但是比公立位子多，优点是选择多，对孩子的照顾也比大部分公立的周到。

无论是公立的还是私立的，都需要提前去学校询问注册信息。私立至少提前三四个月，甚至更早，而公立提前一年都不夸张。意大利没有像国内一样所谓"只接收本学区适龄儿童"的硬性要求，只是公立学校会优先考虑本学区孩子，而私立则没有任何限制。

注册的时候，家长需要了解托儿所的教学计划、时间安排以及费用。所谓的教学计划，就是孩子每天在托儿所会干些什么，因为孩子比较小，所以经常是以"玩"为主。时间安排是指一周可以去几天，半天还是全天，以及早晚进出园的时间规定。最后，费用的多少取决于时间安排，待的时间长自然就贵一些。此外午餐费通常还需另算。

意大利人比较赞成早点儿把孩子送到托儿所，主要目的是希望他们早点儿接触其他小朋友，早点儿适应集体生活。孩子虽然小，但可以得到很专业的指导，并且老师很认真负责。每个孩子都有一个档案，每学期老师都会在个人档案上记录孩子的成长情况，附上很多在托儿所游戏活动的照片和表现说明。每天的活动也以认知色彩、图形、生活物品、动物等为主，另外学习基本生活技能，例如洗手、自主吃饭等。很多意大利托儿所和幼儿园都会使用Montessori（蒙台梭利）教学法。除此之外，托儿所还经常组织亲子活动、读书日、睡衣派对等。并且每学期都会有家长会和家长单独见面会若干次，详细汇报孩子的情况，和家长沟通如何引导孩子。

幼儿园，意大利语 scuola d'infanzia，一般接收三到六岁的孩子，有的两岁半也是可以入学的。

幼儿园也分公立和私立。不过和托儿所不同的是，公立幼儿园基本上可以保证本学区内所有适龄孩子都有名额。一般家长有特殊要求才会考虑私立幼儿园。

和托儿所一样，家长也有选择公立幼儿园的权利，但如果是非本学区公立幼儿园，需要有空位子才可以入学，因为幼儿园要首先保证其所在学区的所有孩子的名额。就算进入了名单，幼儿园也会按照一定条件优先录取，比如单亲家庭的孩子优先、父母是双职工的孩子优先等等。"优先条款"

最后一条是按照报名先后顺序。所以如果想报名非本学区的公立幼儿园，又没有具备"优先条款"里其他任何一条，那么就要早一些交报名表。

幼儿园的办学宗旨基本以给孩子们创造各种成长有利条件，把他们培养成沉着有自信的独立个体为主。很多幼儿园的教学目的就是让孩子们知道在生活中如何和他人相处，遇到问题如何处理解决，初步理解人生的意义。安排的课程也很有趣，激发儿童的创造力，比如美术课、园艺课、戏剧课、英语课等。有的地方每隔一段时间还会请一些不同职业的人到幼儿园做演示，如牙医、红十字会成员、面点师等。所以幼儿园对于小朋友来说就是在一起"玩耍"的地方，一边玩耍一边学东西，孩子每天回家来都有新的见闻讲给家人听。在意大利幼儿园每个班级都由不同年龄的小朋友组成，这样小一点的孩子也可以从大些的孩子那里很快学到新技能，同时也可以学习如何与比自己大或小的人相处。和国内家长希望孩子们早早学习认字、算数不同，在意大利幼儿园只有最大年龄的孩子会学习一些非常基础的书写和计算技能，仅限于书写字母、简单的计算。

如何了解幼儿园好坏呢？第一，可以问一下之前托儿所老师的建议。一般托儿所老师对周围各个学区的幼儿园都有所了解，可以咨询老师的意见。第二，问问周围邻居的意见。因为家长最先考虑的还是自己学区的幼儿园，毕竟比较方便；如果本学区幼儿园口碑不好，才会考虑周围其他幼儿园。第三，浏览幼儿园网站进行了解。第四，最直接的就是去参加各个幼儿园的开放日。

至于私立幼儿园，通常是有特殊需要的孩子才会考虑。比如，如果想让孩子学习除了英语以外的其他外语，例如法语，那么就要考虑私立幼儿园了。或者夫妻双方都不会讲意大利语，那么最好也考虑私立。公立也有英语流利的老师，但只是个别，如果没有碰到，那么将来和幼儿园沟通起来会很麻烦。

总之，意大利的托儿所和幼儿园入学还算简单，并不会出现国内家长连夜排队或网络注册挤到网络瘫痪的情形，教育方面的要求也比国内低很多。这还要归因于意大利整个社会压力和竞争力都比国内小，所以孩子们也能有一个相对轻松的童年。

（倪娜　精通英语、法语、意大利语，现为全职母亲。）

露西的意大利之旅

　　每个人都有儿时的梦想，出生成长在北方边境小城里的我也不例外。我时常站在鸭绿江畔，默默地思考自己的梦想。走出家乡，我对未来世界的向往在舞台上绽放，明知自己不是专业舞蹈出身，但是这才是梦想的魅力。

　　2005年我走出大学校园，在校期间已经参加了各种文艺汇演，拿到了全国女篮联赛主场"篮球宝贝"的荣誉，在万众瞩目下挥洒着我那个年龄应有的无限激情。那时候，我感觉已经实现了儿时的梦想。毕业以后，在抗美援朝纪念馆讲解实习期间，我锻炼了自己在正式场合和众人面前讲解事物的能力，现在想想感觉人生每一步经历只要你没走错，都是在为以后打基础。

　　2007年，经大学老师介绍开始接触瑜伽，起初我认为这只是我的生存需要，我需要赚钱，它只是我的一份工作而已，枯燥的体式，我每天练习到累死的节奏，目的只为考取一个教练证，好持证上岗。我要感谢在瑜伽馆里，馆长对我们练习的严格要求，和对学习瑜伽体系的认真监督，因为这直接影响了我以后对任何事物保持严谨态度的习惯。在那里我还认识了一批小姐妹，平日里嬉嬉闹闹，上课时都一本正经。我们互相借鉴经验，互相学习，一起进步，第一次认识和接触瑜伽舞就是跟这几个姐妹，一同路演，一同推广瑜伽。有了瑜伽基础，我感觉是时候离开家乡到外地去闯闯了，于是2007年我来到了大连，找了个跟瑜伽相关的工作，稍加稳定后，便开始好奇于当时流行的白领钢管舞和爵士舞，报班学习。经过一年多的学习，也许是我有瑜伽的功底和对学习认真的态度，在打算往下一个城市迁移前，拿到了当时比较大的钢管舞和爵士舞机构的教师培训资格证书。

2009年4月，我提着行李人生第一次搭乘航班来到了离家3300多公里的深圳，一切从头开始。为了找工作，攒的最多的就是公交车票，跑遍了深圳大大小小的健身房，从操课教练开始，一节课80—100元，课不是很多，慢慢地知道了南方健身房当时比较认可的是私人体适能教练，简称私教（根据客人的健身需求，为其进行系统的检查，并制订最佳的训练方案，以达到客户满意的效果）。于是我又报了当时在南方比较知名的香港亚洲体适能培训学校，学习了新的关于身体、健康、营养、健身的系统知识，同时，在那里认识了做酒店的同学，帮我推荐了一份在当时算是比较稳定的工作——酒店健身房服务兼健身指导的工作。

在这家酒店学习了关于服务的一些技能后，我选择了跳槽。跳槽是这个行业体现经验和自我价值提升的唯一途径。我从丽思卡尔顿跳到威斯汀，此后再从威斯汀跳到当时深圳唯一一家综合性酒店度假私人会所。在丽思卡尔顿的晨会上，我带领酒店的所有员工做颈间晨练；在威斯汀的年会上，我带领workout团队为集体呈现中西结合的舞蹈；在私人酒店工作期间，我带领康体团队在汇演中给大家庭留下了美好印象。然而青春就在这无声无息的自我成长中悄然流逝，实现自己儿时梦想的同时，自己也不知不觉变成大龄女青年，一个不留意，我在社交网站上认识了我现在的老公，一个意大利人。我强逼自己复习英语，跟他交流，因为我能感觉到他身上难得的真诚，也许是缘分使然，也许是我和他都向往婚姻的殿堂，在网络上认识一段时间，他毅然决然来到中国跟我登记结婚。

直到见到他之前的一分钟，我仍然不敢相信这会是真的，之后我们闪婚，成就了一段不可思议的神奇佳话。2012年12月12日，我踏上了意大利这个与中国一样拥有深厚历史文化的半岛国家。

初来乍到，一切从头再来，这里我能信任依靠的只有我老公。

我所居住的城市并没有想象中那般时尚和发达，相反宁静得让人不适应。古老的房屋和大气磅礴的建筑，让我仿佛置身在另一个时代，无意中走过的哪条铺满鹅卵石的道路可能已经有几千年的历史，每一座教堂都有神圣不可侵犯的故事，每一个连接城市的农庄都有植被覆盖，尘土很少，这是跟中国最大的区别。意大利人注重环境的保护，重视植物和生态平衡，他们爱护动物，憎恶吃狗肉、猫肉的人，我也不喜欢，但是我不能理解为什么超市的冷藏室里会摆放剥了皮的整只兔子和猩红的马肉。

刚到这里，第一个印象就是意大利人在穿着上都很讲究，这跟他们的文化传统有着密不可分的关系。女士的头发很整齐很有型，着装不花哨的颜色和风格合理搭配，优雅地挎着或名牌或干净的皮包，神态自若优雅放松。男士们的是羊毛衫里面一定要穿带领衬衫，羊毛衫的颜色可以鲜艳，但也不花哨，即使对撞的颜色也是合理的搭配，不管是西裤、休闲裤、意式皮鞋、休闲风衣，还是掐腰板型的羽绒服下，一定裹着一个挺直的腰板，举手投足谈吐间就透着意式的风度。

在国内从不喝咖啡的我，从第三年开始慢慢习惯了喝咖啡，在慢慢习惯以后才发现它的绵绵齿间回味的醇，早餐习惯了一杯Cappuccino和一个牛角面包的满足，工作都会精力充沛。

在这边过人行横道一定是车让人的，在中国习惯了人让车，以至于每次过人行横道时还是会不自觉地加快速度多走几步。坐公交车、火车，甚至路边停车都是靠自觉地遵守票面时间。在超市买新鲜蔬果都要戴一次性塑料手套，没人随地吐痰，垃圾要分类丢弃，出门遛狗要自备袋子清理狗狗粪便。晚上9点以后不会使用高分贝的家用电器，以免影响楼群里其他住户的休息，噪音扰民是会招来警察的。

刚来到这边饮食很不习惯，Prociutto（帕尔玛火腿）、Salame（香肠）、Formaggio（奶酪）、面包、苏打饼干、意面、Risotto（意式烩饭）、pizza、Gnocchi（意式团子）、沙拉菜，我能立即接受并感觉还不错的就是Pizza，但也不是天天能吃的主食。Prosciutto和Salame就是重口味的咸，一开始真吃不出哪里好吃，需要花点时间体会。四年后，慢慢地喜欢上了所有意式主食，以至于淡忘了海鲜的味道。

一部分的意大利人还是很保守，对新鲜事物接受程度有限，办事效率低，怕受到侵犯，但是他们还是非常礼貌、热情、幽默、豪爽。

初到意大利，我的语言是零基础的，生平第一次体验到什么叫哑子听雷，可惜我还不会手语，慢慢习惯了"删听"——是不管别人在讲什么，这个不好的习惯在随后很长一段时间里影响了我的学习和工作，让我变得懒惰。后来，我不断思考，既然到了这里，跟你心爱的人组建家庭，就得入乡随俗，从语言学起，去公益性学校免费学习语言，听不懂，找逻辑也要听懂，就这样一步一个坑地学着，因为大部分时间跟老公交流还是用英语，所以学习上的进步不明显。

学校学习的东西能应用到生活中的还是有限的，没有外界环境的接触和刺激，我就像井底之蛙。与外人打交道甚至开始怀疑自己的社交能力，因为没有人会有足够的耐心认真听完你不熟练的表达，除非是你学校的老师。所以很长一段时间我很没信心与意大利人交流，甚至是害怕，有时干脆让老公帮我翻译，为了不让自己与社会彻底脱节，我们在家里开办瑜伽私教课。通过打广告和熟人介绍的方式宣传教授传统纯粹的东方瑜伽，因为是东方面孔，还是有慕名而来的体验者，而语言在肢体上表达的基础上也已经变得不那么重要了。因为瑜伽是通过体式来完成身心的统一练习，而教练的资质也是通过体式的安排和纠正体位来体现，经过多年的瑜伽教学沉淀，加上之前已经积累了属于自己的一套瑜伽练习方案，所以教瑜伽并不难。

并且，借老公的帮助，我逐渐也尝试进入一些健身房教瑜伽操课，显而易见，客人和老板并不介意我的语言，但是由于交通不便和种种原因，这种大浪淘沙式的尝试，很快就成过眼云烟，我始终没有找到一个属于自己的职业定位，好在同一个城市遇到了同一个城市的老乡，他们开店招工，我也不满足于似有似无的不稳定的课时费，决定锻炼一下自己。于是我开始了来意大利之后第一份全职工作，至今还有几个已经跟着我练了3年瑜伽的学员依然跟着我练瑜伽，可能跟我有瑜伽情感上的共鸣吧。

在华人店工作了一年多之后，我走进了米兰，这个做梦都向往工作的地方。投简历，面试失败，再投简历，我出师不利的原因很简单，我没有高学历，但我有自己的定位。当我习惯了一年左右的意大利小城的悠闲生活，感觉自己该重新寻找回当年的热情，全身心投入应该属于自己的工作中，最后我如愿以偿进入了角色，至今仍很珍惜。

认识一些意大利的华人朋友，是在2013年意大利第四届华人歌手大赛上，我报名参加了想去试试，这种娱乐性的节目重在参与，除了选唱自己喜欢的歌曲外，也额外准备了现场舞蹈表演，虽然没有获奖，但是借此丰富了一下自己，也认识了不少华人朋友，我们至今保持联系。因为这次活动，大家又一起参加了华人春节活动和亚洲东方艺术节，以及第一届意大利华人春晚节目的演出，把瑜伽舞蹈和娱乐彻底呈现在海外华人面前，荣幸和荣誉之外也认识了一帮可以组成团队的小姐妹。

我在外生活这么多年，尤其和意大利人接触后的感触良多，每次我回国最不习惯的就是有些人的不守约和对任何事不合乎逻辑的夸夸其谈。意大利人做事情可能不是最严谨的，但他们一旦定下约定就会履行，即使有要事不能赴约也会提前通知，不会无故缺席。中国人的有些事情是在酒桌上谈出来的，应酬喝酒在意大利却不常见。在意大利，男人带孩子做饭，晚上8点以后街道上的冷清，年假一定是和家人出去旅行，这在中国都不算常态。中国人办事讲究含蓄分寸，所以才有成语不言而喻、心知肚明，这都是来形容中国人的含蓄内敛，而意大利人说话办事也有约定俗成的用意，因为他们的语言也很丰富，但是相对来讲更直接，有事说事，注重细节。

在外国人眼中，华人聪明辛勤，不怕吃苦。中国也是经济一路攀升，让世界叹为观止。中华文明几千年的传统文化有独特的传承性，这些不能丢，这样我们的子孙后代才能更好地与国际接轨，从而培养出更多德才兼备的人。

（王舒　米兰某机构管理人员）

写给自己：献给意大利的青春！

还记得那时刚满18岁的我从未离开过父母，不知哪来的勇气独自拖着一个55kg的超重行李头也不回地上了飞机，浑浑噩噩历经北京—布达佩斯—米兰—佩鲁贾，不清楚过了多少个小时，终于抵达了我在意大利的第一个家。转天独自去学校报到的时候恍惚发现我迷失在路上，看着眼前这座古老的城市，我终于反应过来，此刻的我是在一个陌生的城市，陌生的国家，一句当地的语言也不会，一个草率的决定就让我漂洋过海地来到了意大利，从此我要独自生活在一个我从未了解过的国家，并且我的人生将因此而不同。

还记得第一次去罗马旅游，我一边回忆着《罗马假日》电影中的一幕幕，一边欣赏着这个昔日罗马帝国首都的美，心想终于来到这个只在宣传册上看过的"浪漫的意大利城市"，并为我早早实现了当时"我一定要去这个城市看看"的小小心愿而窃喜。虽然对罗马有些依依不舍，但是经过一天的暴走，筋疲力尽的我们决定尽快回家休息，于是晚上我们坐上回佩鲁贾的火车。

过了大概一个半小时，火车突然停下来并停了很久，所有的人都下了车，我们一句意大利语也不会，更听不懂广播里说的是什么，只能也跟着下车看看究竟发生了什么，过了几分钟，没想到我们就这样目送着这辆应该带我们回家的火车"回了它自己的家"，消失在远方……

我与室友面面相觑不知如何是好，还好她随身携带字典，工作人员告诉我们从此刻开始火车罢工，要到次日早上才会再有火车。第一次听说还有"罢工"这么个事情，"Sciopero"（罢工）这个单词深深地刻在我的脑海里。我们就这样被抛弃在这个不知名的小镇，那个时候夜已深，火车站附近并没有什么商店或酒店，我们也不敢走得太远，最终决定留守在这里等待次日的第一班火车。

至今我依旧记得那个小火车站的模样，它不像北京火车站那样有无数个站台，夜晚也灯火通明，有24小时商店、书店、餐厅，人来人往，这个小火车站只有两条铁轨分别通往两个不同的方向，火车站内部是一间小屋子，有一个已经关闭的售票口，一台绿色的老式的售票机器，有几条深色的木质长椅和两扇关不严的大门。

我们两个女生就在这长椅上以月光为伴度过了一个无眠之夜。在大城市出生的我从来不曾见过这样的火车站，养尊处优的我也从未有这样独特的经验。第一次觉得这个梦幻的发达国家与我想象中的并不一样，内心阵阵酸楚，并开始反思，如果不想让自己吃苦，就必须学会生存的技能，即"语言"与"独立性"。

经历是一杯咖啡，虽有些许苦涩难以下咽，但好在仍有回甘。如果提到我在意大利7年的收获，那么最重要的两样宝藏就是"朋友"与"旅行"。

五湖四海的陌生人因缘分在这个异国他乡聚集在一起，我们一起上学，一起旅游，一起做饭喝酒把梦想畅谈，我们一起面对困难互相扶持不离不弃，这种陪伴显得格外珍贵。即使现在，我们各有发展，但是我们依旧是见面可以畅聊往事并为对方付出的挚友。也因他们，我了解到不同城市、不同国家的多样文化，感情是不分语言、不分国界的。

在欧洲是非常鼓励年轻人旅游的，在最好的年华去认识这个世界，是成长的最佳方式。27岁或25岁以下，火车票会有很高的折扣，博物馆如卢浮宫也是免费开放的，我们手持申根签证，加上意大利假日多，学校动不动就放假，我们随时可以来一次"说走就走的旅行"，并且不需要花费很多就可以畅游欧洲，其中廉价航空（买机票网站：skyscanner）、青年旅社（订旅店网站：Booking，Airbnb，Hostels）、搭车（Blablacar）及旅行攻略（Trip Advisor）是驴友出门的必备武器。

如果不想提前做攻略，那么就到每个城市的火车站附近的Tourist Information（旅游咨询中心）要张免费地图，好好享受那个城市及那个城市的人带给你的惊喜吧。在火车上经常可以看到背着登山包的青年人，想必他们一定走过很多地方，有很多故事吧。想想也只有在校园的时候有这个机会去环游世界，之后就要等退休了，不知道那时候还玩不玩得动。

还记得我去FANO（安科纳附近的一个城市）去跳伞，在一个小小跳伞基地，我和我的教练（教练和学员绑在一起）登上了一架小飞机，我们飞到4000米的高空中，当时我还沉浸在碧海蓝天白云的氛围中，机舱门就被打开，教练带着我坐在了飞机门的边缘处，让我呼吸3秒，接着我们纵身一跃，我的心脏因失重有种痒痒的感觉，脸上的肉已被吹飞，教练还执意让我看镜头，摆出最好的姿势拍照。

过了这几秒的快速下降后，教练把降落伞打开，我们开始翱翔在天空之中，阳光普照，微风徐徐，脚下是蔚蓝的大海，跳伞给我的感觉不是刺激，而是安静。天空没有任何声音，静得仿佛自己失聪，像是到了另外一个世界，那种感觉无法言喻，可能是自由或主宰的感觉吧。

晚上我们选择留下和跳伞俱乐部的人共进晚餐，我们大概20个人，大部分都是互相不认识的，但是每个人都微笑着与周边的人握手介绍自己的名字，讲述为什么来这里，多么热爱跳伞，跳伞的感觉是什么，彼此分享各自的经验，坐在我身边70多岁的英国老爷爷也向我讲述他这把年纪有多么热爱跳伞。

晚餐过后，音乐响起，大家都到大厅去跳舞，因为只有我与我朋友两个中国女孩，男生们都想拉着我们到大厅中央跳舞，我默默地往后退，害怕在众目睽睽下跳舞，只希望当一个旁观者，这时英国老爷爷走到我的身边，对我说"Don't be afraid, if you show yourself, everybody would like to see you"，因为这句话我才尝试了在很多人面前并在大厅的正中央跳舞，尝试过后发现这件事并没有想的那么尴尬，每个人都沉浸在自己的欢乐之中，根本没有人会在意你跳得怎么样。时隔多年，老爷爷的这句话依旧能带给我勇气。

我一直觉得人生一定要有宽度，在有机会的时候，尽量尝试一切，我很骄傲的是我去过很多国家，做过很多冒险，参与了 Erasmus（欧洲大学交换项目，即到其他国家去学习3—6个月）、workaway（旅行志愿者项目，即去异地或异国的陌生人家帮忙，比如种地喂动物换取免费的食宿）、Attirazione Talenti Cinesi（优秀中国青年实习项目，即被选中的学生会分配到不同行业的意大利公司实习6个月）这些项目，并在这个过程中认识了很多人，经历了很多事，开阔了眼界，增长了见识，最主要的是这些经验让我打开自己的心胸，变得更加包容、更加善良、更加勇敢，并且更知道自己想要什么。

想了解一个国家，一定要在本地的公司工作，这样才能了解它的企业文化。

上研究生的时候，我参与了意大利贸促会组织的"吸引优秀中国青年"的项目，被分配到一家意大利的高端户外家具公司实习。这是一个家族企业，老板的父亲创立了一家大理石公司，之后老板创建了这个现代户外家具品牌，他邀请全球排名前十的设计师设计，再加上百分百意大利制造，产品之精致让人赞叹不已。

公司里的核心人物就是老板、老板娘和老板儿子，其他的员工都是曾经为老板父亲工作的老员工，而我作为一个外国实习生并且第一次在意大利公司工作，一开始的时候，小心翼翼，如履薄冰。每天老板办公室传来很大的噪音，高分贝地骂着脏话，另外一边也高分贝地骂回去，这另外一边有时是老板娘，有时是老板儿子，有时是员工，他们吵得青筋暴露，感觉随时要动手打架。

我每天心想"到底什么情况?！"这种紧张的氛围让我不知所措、压力倍增。有一天，我问工厂的负责人，意大利公司都这样还是就我们公司这样。他回答我说，很多意大利公司都这样，但我们是最特别的。从那以后，我也见怪不怪了，这是一种企业文化，他们喜欢当面把事情说清楚，就事论事不分等级。事情解决了以后就立即和好，然后谈笑风生地喝咖啡去了。

我记得有一次，老板儿子在他的办公室里抽烟，我是不抽烟的，但是我身边的人都吸烟，所以也就习惯了烟味。这时我的同事Simona走了进来，立即为我打抱不平，让老板儿子立刻把烟掐掉，并和他说："你不可以这样做，如果你要抽烟可以出去抽，你不可以剥夺不吸烟人的健康。"老板儿子也知道自己做错了，默默地掐掉了烟。事后，我的同事也鼓励我勇敢地表达自己的想法，因为这是每个人的权利。

我觉得这应该就是中意企业文化中最大的差别吧，我们主张"以和为贵""沉默是金"以避免任何冲突，而意大利人更鼓励每个人直接表达自己的想法。假如你表达了你的想法但没有被采用也没什么，这并不代表你是错的，只是目前不适合，而且你也已经尝试过了。没有任何遗憾和损失，反之，如果你不说，他不说，公司永远也不会进步。

这6个月的实习使我受益良多，也让我简历上的"工作经验"一栏不再是一片空白。研究生毕业的前几个月，我通过很多找工作的网站或机构，如Infojobs、Monster、Manpower、Almalaurea，得到了很多面试的机会，我很幸运地在毕业的当月就找到了工作。其实在米兰的工作机会相比之下还是挺多的，这里定期会组织很多大型的招聘会，也有很多中国的企业会在意大利论坛上发招聘广告。在意大利的工作面试也很轻松，不需要西服革履高跟鞋，只需要简单干净、落落大方，带着自信和HR聊聊天就可以了，并没有想象的那么难。

现在我在一家全球连锁的意大利房地产公司工作，我的老板Marco是一个年迈的传统的意大利人，他并不了解中国文化甚至都不吃中餐。但是他觉得中国市场有潜力，就找到我，让我这个初出茅庐的小丫头独自开拓这个巨大的市场。

我从未接触过这个领域，也不知道怎么做市场，越是慌张越是要让自己静下心来，多问多听，让自己尽快学习所有的知识。比如如何评估酒店厂房的价值，如何知道房产是符合建筑法规的，如何进行双方谈判等等。并且让自己尽快适应陌生的环境，多参加一些社交活动，久而久之也就知道应该和大家聊些什么。当熟悉了本地文化后，我才有可能真正融入社会，积累人脉。

中意两国求同存异，中方"我要这个！你立刻给我"，意方"不急，等我放假回来再说"，单单是对时间的认知就相差甚远，更何况其他方面。双方互不理解，我夹在中间，除了要给双方解释这两种不同文化的同时，还要想办法消除这种障碍。我就这样边学习边摸索，做市场营销推广品牌，单枪匹马与国内及意大利顶尖的律师、媒体、银行、房地产公司的老板去谈合作，慢慢地也就练就了独当一面的本领。

如今我们不仅能为中国客户提供房地产相关的服务，也可以提供贷款、投资移民、房产装修及托管等业务，客户也渐渐地了解并相信我们的品牌，会主动找到我们寻求服务。我很骄傲看到这些成绩。我是幸运的，感谢公司给予我的信任，让我可以去做我想做的事情，大胆地尝试一切。

时光飞逝，这是我在意大利的第七年。我把最美好的青春献给了意大利，但我更感激意大利给予我的美好经历，它让我的生活变得丰富多彩，让我带着勇敢的心和单纯的微笑在追寻梦想的路途上勇敢前行。

（丁世佳　房产中介经理）

在意大利生产及照顾新生儿

意大利大部分医院的妇产科都会给新手孕妇开设产前教育课，我认为是很有必要的：一是可以减轻产前焦虑、恐惧感，二是可以让孕妇了解生产时在各种可能遇到的情况下如何跟医生、护士配合。

说到和医生的配合，在意大利偶尔会有对医疗事故责任医生处罚的新闻，然而很少会见到"医闹"。从医生角度讲，医生的专业知识以及对病人的态度其实都很重要。在意大利，医学基础学习需要六年，而成为一名真正的合格医生需要九到十二年。我接触过的意大利医务人员基本上态度都很好，包括护士。从患者角度说，应该给予医护人员足够的信任，并且配合他们，"遵医嘱"并不是一句空话。当然，如果觉得普通医生不够称心，也可以转到私人医生下，费用会高一些，但是预约时间会比较早，服务也会更周到。

此外，意大利很多基础医疗项目是免费的。比如生产整个过程和产后三天到一周的住院费、伙食费都是完全免费的。婴儿出生后的各项检查也无须任何费用。

在意大利生孩子和国内比还有一个最大的特点，就是不坐月子。只要是顺产，出了产房就和平常人没有区别，想吃什么、干什么都可以。不仅不坐月子，孩子从出生起多半也是由父母一手照顾。祖父母在身边的会帮一下忙，但仍以父母为主，很少像国内那样大部分孩子是由老人带大。

能做到这点，一是得益于意大利人有相对独立的习惯，特别是女性，很多都很能干，同时也是因为有足够的法律保障。五个月产假是法律规定，至少付百分之八十的薪水，好一点的公司会付百分之百。五个月之后，可根据自己的情况申请延长产假，具体条件因公司而定，但都不会差太多。比如有的公司五个月后可另延长六个月，这六个月公司不付薪水，国家补贴百分之三十。六个月之后还可以再一次延长一个六个月的产假，这次是公司付百分之三十的薪水，无国家补贴。这样算下来最多可以有将近一年半的产假，并且在产假期间，公司不得辞退员工。

我在网上看到过许多欧美国家照顾孩子的方法，有相当一部分是误传。有些说法本身就很有争议，但是被引进国内后就成了"发达国家育儿圣经"。例如孩子哭起来家长不去哄，认为越哄越娇惯。这是要具体问题具体分析的，而不是一味地照本宣科。不过有一点可以肯定的是，意大利的孩子从小就尽量自己睡。刚出生不久，父母会把婴儿床放到大床旁边，方便夜间照顾，但是大一点就开始睡自己的房间。很多孩子在六个月之后就会由父母安排，主动地去尽量多接触其他孩子。这样就可以早早培养孩子们的"社交能力"，学会如何和别人相处。也可以通过各种各样的方式学习新鲜事物，而不是每天待在家里看电视。

综上所述，在意大利生孩子确实有许多便利之处，可是对于我们旅居华人，特别是夫妻双方都是华人的来说，一定要确保至少一方的意大利语水平足够。因为即使在医院，能够流利讲英语的医生也不多。而在新生儿的照料方面，也应该摒弃不科学的传统观念，多多了解正确的方法。

（倪娜　精通英语、法语、意大利语，现为全职母亲。）

PART 2

留学教育

　　意大利是艺术大国、文化大国，是热衷于艺术而个性张扬的同学留学的首选。推荐几所我所熟知的美术院校，如布雷拉美术学院、佛罗伦萨美术学院、那不勒斯美术学院、罗马美术学院等，都是不错的选择。其次是工程类，我最初来意留学便是攻读的米兰理工大学的机械专业，意大利作为工业强国，尤其在机械方面机械工程专业是首屈一指的，这方面米兰理工大学和都灵理工大学都不错。另外意大利的建筑设计专业也是很有特色的。我觉得在意大利留学首先应该是学习一种生活与学习的平衡，更多注重内在的自我发展，不能简单地理解为只是读书拿文凭，应更多地融入当地圈子，学习更多从不同角度去思考问题的方式。

第六个城市

　　我出生在广东沿海的一个小城市，小时候很多记忆和海边有关，例如频繁的海鲜大餐，走进就在沙滩附近的海鲜一条街的某一家餐厅，我爸拉着我在装着各类海鲜的水槽前挑选。又或者印象来源于儿时照片的踏浪、戏水、玩沙的经历。也许是从小受广阔浩瀚的海洋的影响，我对家以外的世界一直充满好奇。

　　米兰是我生活过的第六个城市，它和以往任何一个城市都不一样。我在国内三个城市生活过，它们无一例外都在广东沿海。后来又在美国待过两年，因缘巧合之下，我又到了意大利。

　　出发前我很紧张，毕竟我从来没试过在语言不通的地方生活。当时我对意大利语一窍不通，只会说Si（是的）

和Grazie（谢谢）。在博科尼读过书的朋友当时给我发了长长的信息，说明从机场到达中央火车站的路线，可以坐火车、机场大巴等，还贴心地附上了中央火车站的意大利语发音。记得当时拖着大箱子去坐机场大巴，忐忑又生硬地蹦出"Centrale？"和工作人员确认是不是往中央火车站的方向，结果对方用流利的英文回答我说对的，中央火车站，请上车吧。当下失笑，觉得自己真的是把事情复杂化了许多。

米兰和别国城市的不同，体现在许多方面，也许能用文化差异一词来概括，而语言仅仅是其中的一小部分。在我搬进公寓安顿下来后，我的意大利舍友立马让我感受到了意大利人的热情，以及让我验证了一度微博上轰轰烈烈的"意大利男生张口就来"的夸人技能。他是个有着棕绿色眼睛、来自罗马的标准意大利男生。同在博科尼上学，所有对意大利人的"刻板印象"在他身上都能对号入座。爱夸人，嘴甜，讲话配合丰富的手势，英文有着浓浓的意大利口音，爱吃披萨和意粉，当然意大利人也有爱迟到的缺点。虽然生活习惯和文化上的偏差让我在和他同住的大半年时光里有过一些小摩擦，但依旧觉得自己当初的决定没错。毕竟我所有对意大利语言、文化、学业上的疑惑都能被他解答。

开学前一天，他在我门上贴了一张小纸条，用英文写着痛苦总是短暂的，GPA（平均成绩点数）才是永恒的。我问他博科尼有这么可怕吗，他说要考试的时候你就明白了。果不其然，复习周大家都没日没夜在背书，图书馆人满为患，自动贩卖机里的饮料很快就售罄了。当然，在博科尼学业上的压力不止来源于期末，作为有着"意大利哈佛"美称的商学院，这里聚集着意大利乃至欧洲顶尖的优秀学子，他们对于学业的拼命程度让我想起了高考前的时光。和这样一群同学坐在同一间教室里听课，或者在同一个小组里讨论小组课题，都让我倍感压力。曾经我参加过一个五人小组，成员来自五个国家，细算了一下发现我们五人加起来能说九门语言。啊，这个世界上努力又优秀的人真的很多啊，这是我在博科尼的日子里经常萌生的想法。

希望自己意大利语能更好一些，这是我另外一个经常出现的想法。当地的语言不通真的让自己错过太多，同学们小组讨论时一激动就开始侃意大利语而你却听不懂这点自然不用提，在意大利旅游也曾因语言不通而吃过亏，还经历过在电车上被打扮优雅的意大利奶奶拉着叽里呱啦讲了好一阵，我却只能以微笑回应的尴尬场面。最难过的大概是在餐馆里点菜的时候了。

意大利好吃的太多了，米兰作为国际都市，大名鼎鼎的意大利料理无须赘述。各国料理也不少，有的餐馆配有英文菜单，点菜的时候还没有那么忐忑。有的坐下后拿过菜单一看，满眼的意大利语，只好默默拿出手机查生词。我还是个特别喜欢和服务员讨论具体菜式的人，但是语言不通啊，对方英语也不太懂，手脚并用也讲不清楚，真是憋死我了。但吃货的心脏还是强大，我的美食探店计划还是乐此不疲地进行着，所以我对于米兰的印象里食物占了很大一部分。例如博科尼附近快被中国学生当成食堂实惠又美味的中餐厅旺角，大教堂附近卖Panzerotti意式饺子的百年老店Luini，蓝底白字招牌开向世界的意式雪糕Gelato、连锁店Grom，特别正宗好吃的日料店Sumire，甚至街角随意一家咖啡厅里一欧的意式浓缩Espresso，都让人回味无穷，打住，再说下去可能就停不下来了。

最后简单几句讲讲印象最深的，我想象米兰和意大利的一切与真实情况的对比。意大利人是真的爱迟到的，却也是真的爱夸人的。米兰时装周虽然和普通人没什么关系，但去秀场门口围观一群群的大长腿也是不错的消遣，尤其是男装周。博科尼课业的确不轻松，但是确实收获满满。同学们在学习努力这一点上真的是贴不上意大利人懒散的特性。学校里咖啡自动贩卖机五毛一杯的卡布奇诺是好喝的，路边咖啡馆一欧元一大口的意式浓缩也是好喝的。意大利的比萨是薄底的，通常一人吃一整张，而且最经典的玛格丽特没有肉，可比美式比萨好吃多了（这里仅代表我的个人口味）。好吃的意餐还不止意粉比萨，还有各类沙拉、芝士、火腿腌肉、意大利饺子等，超市里卖的新鲜意粉酱拌意粉绝佳还很实惠。欧洲很多国家、意大利其他的城市都很好看又好玩，就是要眼观八方护好随身物品。

离开米兰已经八个多月了，日常零碎的记录之外，从未好好写过这段经历。感谢这样的机会，让我重新静下心来回忆米兰的点滴，以此来纪念那些有笑有泪的好时光。如果对决定来意大利留学的同学们提三点能让自己生活得更开心的小建议，那会是：一学好意大利语，二学好意大利语，三困了喝Espresso（意式浓缩咖啡），不开心了吃Gelato（意大利雪糕）。祝大家生活愉快。

（邓雯婧　博科尼大学学生）

再见，米兰

米兰的课程完结，学习旅程待续，朋友都在启程，目的地切换在即。

赴意求学曾是幼时美梦。梦源于歌剧。然而现实总是磕绊，没能走上求艺路，接着又高考失利。然后的然后，理想也骨感成出国读商，以为就此错过。

顺着热门国家英美澳加选校选专业，却莫名失落。直到发现了国际管理学教育联（CEMS：The Global Alliance in Management Education），惊喜获悉每个世界主要国家和地区都有一所代表商学院入选，先看到中国清华和香港科大，紧接着目光就落到"靴子"版图，Bocconi University（博科尼大学）赫然入眼，坐标米兰！

犹记研究这所名似花椰菜的大学时，鼠标都拿不稳。看到她稳居所有主流的世界商学院排名前列，狂喜不能自胜。仔细研究她开设的专业更是惊喜，从经管、营销、会计、金融到艺术、文化、媒体、娱乐、饮食、体育、奢侈品管理应有尽有。

我终于递交申请。对音乐的执念漂洋过海，刚到米兰不久，我漫步去了威尔第音乐学院。不起眼的低调，我却被定义为闲杂人等拦在门外。也好。驻足，听声，仰望，朝圣一般。

来不及好好感受米兰，很快便投入预备课程。六栋楼的微型校园人流如织。没有操场，没有体育馆，没有校门，不似大学。随处都能听到英语、意大利语、法语、德语甚至汉语。课上师生不断互动，还有很多分组讨论，而意大利学生则把教授每句话都记入电脑。整个授课过程既有欧美先进的教学模式，又不能摆脱浓厚的应试文化。

我的状态是蹒跚学步。首先，虽然教授们几乎都毕业于北美前十哲学博士，但因为师资队伍较国际化，意大利、俄罗斯、印度等口音严重阻碍理解。其次，班上七成同学都在博科尼就读本科且都是其中翘楚（区别于国内研究生质量整体呈下降趋势），大家经管数理基础扎实，思维活跃，语言能力强，很多时候自己都在奋力追赶。

后来发现，虽然意大利以艺术、文化、时尚、足球、美食、奢侈品、豪车等Logo闻名于世，但最能代表意大利教育水平的竟是这所商学院。无论走到哪里，博科尼的学生总能受到优待与称赞。不得不说母校掩盖于意大利绚丽的标签下。

博科尼的意大利人不是意大利人。

意大利人的慵懒与不守时举世闻名。这曾让我一度怀疑博科尼的声誉，毕竟这些都是商业环境中的大忌。然而入学一周，思维定式瞬间崩塌。上课最准时的是意大利人，回答问题最积极的是意大利人，下课穷追不舍向教授提问的是意大利人，课后最乐于组织小组讨论的还是意大利人。总结说来，这里的意大利人跟德国人一样守时，跟中国人一样勤奋。

然而，如果小组讨论组内大部分是意大利学生后果会很严重。比如大家经常说着说着意大利语就成了唯一沟通语言；比如他们有时不善分工导致很多工作七八个人围在一起做；比如他们会把报告写得很绕、PPT都是文字；比如大家都抢着领导小组。但只要国际生提出合理意见，他们也会采纳。最初的组员知道我缺乏商科背景，还非常照顾，带着我边学习边讨论。当然，小组氛围完全取决于组员。

　　因为找工作、申请交换项目、双学位甚至某些宣讲会都要看成绩，这边学生在分数上可谓锱铢必较。经常会因一两分跟老师争论不休，甚至有时候已经接近满分，只要觉得老师给分低了都会争取。因此，很多教授也在开课前就明确表示分数出来不可更改（除非出现技术性批改错误）。

　　乍看课表，一学期仅有四五门课。

　　其实课前就有很多预备材料需要阅读，课上往往围绕材料进行讨论，课后还有作业和小组讨论。每天基本奔波于教室和图书馆之间。有时候为了讨论，午饭也是囫囵吞枣。平日里，图书馆和自习室里学生颇多，到了考期更是人满为患。因为要想取得好成绩，临时抱佛脚于事无补，平时就得按部就班，认真预习上课看书写作业。考试从来不会划重点，而且经常喜欢考细枝末节，甚至常考书上课件上没有但课上提及的知识点。所以，尽管常规上每门课都有两轮期末考试，但如果平时不认真听课，穷尽所能复习也难拿高分。

　　但生活中绝不只有学习，还有无穷无尽的Party和Aperitivo。然后你就发觉意大利人特别能聊、特别聒噪，所幸欧洲人对中国、对亚洲很感兴趣，他们很多人本科就去过清北复交等校交换，或者在香港或上海实习，很愿意与我们谈论亚洲文化和有趣的经历，不然我很快就会对他们的谈话失去兴趣。不过自以为，这种干聊的磅礴之势也恰恰成就了气场——平时小组讨论无论什么话题他们都能扯得漫无边际，且不谈讨论的质量，举手投足至少自信满满。

最后择些乐事分享。

四季之早中晚，曾无数次路过与驻足，米兰大教堂风姿各异却不失壮丽。在广场上尝一捧绽放的Gelato，啜一杯氤氲的意式咖啡，整个味蕾都在雀跃。爱玛努埃莱二世长廊不长，却浸在奢华里不能自拔。偶尔转入斯卡拉剧院，一出《图兰朵》惊艳听觉。而后坐在斜阳里，看摩登时尚着一身，情侣拥吻有玫瑰在手，鸽群呈啄食状、踱步状、振翅状，画面生动诗意。

素日，会去圣西罗歇斯底里看欧冠会，会去蒙扎会看玛莎拉蒂呼啸狂奔，会逛世博会迷醉在美食中胡吃海喝，也会漫步斯福尔扎堡布雷拉赏画赏雕塑。

（杨沛哲　博科尼大学在读研究生，全额奖学金获得者，即将前往德国科隆大学就读CEMS双学位。）

相见恨晚　"失落"的天堂

未曾相见——神秘的国度

记得那年，我还是个不满10岁的孩子。我跟小伙伴们都穿着自己喜欢的球服，在足球场上一起快乐地挥洒着汗水。他们的球服有AC米兰的，有佛罗伦萨的，有国际米兰的，有桑普多利亚的；而我穿的是一身白色的帕尔马队服。其实当时爱上帕尔马不为别的，只因为那身白色球衣太漂亮了。这是我的第一套球服，帕尔马也成了我足球的初恋，那么纯洁，那么微妙，那么美好。

跟很多同时代的孩子一样，我也是从足球开始认识欧洲国家的，熟悉他们的城市，了解他们的文化。"Milan，Milan，Solo con te..."这首AC米兰队歌的旋律，我时常在孩童时代哼唱着，这也是一首令我印象深刻的意大利歌曲。

是的，比帕瓦罗蒂的《我的太阳》还要印象深刻。对于年少时的我而言，意大利是一个普通但又有一点"特别"的欧洲国家。普通是因为它和其他的许多欧洲国家一样，拥有悠久的历史、伟大的人物和灿烂的文化。但这些对于当时的我来说，不过是众人皆知的名人典故罢了，如果真要说到对意大利的了解，当时的我大抵只了解意大利足球吧。

一见钟情——新奇的世界

或许是命中注定，又或是机缘巧合，在我大三为留学寻找外国建筑名校时，米兰理工大学走入了我的视野。虽然当时也有其他几所英国的大学向我抛出了橄榄枝，但我得坦承，米兰理工大学的"国际学生全额奖学金"让我无法拒绝，加上一直以来对意大利的情愫，让我毫不犹豫地选择了前往意大利，选择了这个陌生又熟悉的国度。

可能是由于第一次出国，刚到意大利，这里的一切都让我觉得新鲜：空气清新，天空湛蓝，阳光明媚，城市整洁而富有历史感，郊外扑面而来的是自然的清新。复古与时尚，古老与现代，完美地交织在一起。在Lecco（莱科）市区安顿下来后，一个阳光明媚的下午，我跟同学走在宁静悠长的小城小道上，心中充满了欣喜。迎面走来一个普通着装的路人也朝我微笑，还向我打招呼"Ciao！"，我很自然地也回了一句"Ciao！"。同行的两位同学很惊讶地问我："你们认识吗，怎么会相互打招呼呢？"我的确不认识他们，而意大利人见我朝他们微笑，他们自然地就回应一个微笑，然后很惬意地打一个招呼。看似一个很不经意的瞬间，却是一次难忘的心灵交会。这样一个很少在国内发生的小插曲强烈地向我暗示着：我终于来到意大利了！

深深爱恋——人间的仙境

我所就读的学校在米兰北部50公里处一个美丽的湖边小城——Lecco。这里的Como湖世界闻名，交通便利，城市街道整洁，社会治安良好，生活环境舒适。Lecco也就成了当地人心中的"富人区"。能在这样的美丽小城中学习生活，也是一大幸事。

在米理的学习很紧张，而在闲暇之余，我会来湖边坐坐。眼前是蔚蓝幽静的湖水，湖面宽阔如大海，远处巨大的青山倒映在如镜的湖面之上，还有那一片湛蓝的天空。面前的这幅美景，绝对让任何一幅名画黯然失色。此刻我已完全忘记所有的烦恼，让心灵深处得到治愈。而当得知《蒙娜丽莎的微笑》里蒙娜丽莎的左侧背景就是我看到的Lecco湖边美景时，我觉得一切都是那么的理所当然：Lecco的山水之美值得任何一幅名画去展现。

周末的时候，我偶尔去米兰看看展览，见见朋友。路上你会遇到穿着大红大紫一身时尚打扮的老奶奶，也会偶遇几个模特美女跟你搭讪问路。在回家的公交车站等车时，老爷爷老奶奶会很慈祥地跟你聊天，问你从哪里来，喜不喜欢这里之类的问题。偶尔也会遇到一个奇怪的蜀黍，热情地用中文向你打招呼："你好！"还记得有一次在火车上遇到一家三口，是一个母亲带着儿孙。当时我才到意大利不久，我的意大利语还不流利，但这丝毫不影响我们的谈话。当他们知道我是来自米理的留学生，对我都竖起大拇指，我的心里也无比自豪。一路上他们一家人都很热情，走的时候祝我学业顺利，让我感到很温馨。在这里，人与人之间的距离是那么近，一切都很和谐。

到了假期，朋友们会三三两两一起出去旅游。因为意大利城市和景点众多，我给自己定一个看似宽松的旅行目标：两年内走完意大利的大城市和著名的景点。而事实上，即便这样"容易"的目标也很难实现，因为很多"小城市""小景区"都会让你待上一整天而不忍离去，就这样它们都变成了"大城市"和"大景点"。那不勒斯的阿玛菲海岸、西西里岛上的众多古城和海滩、托斯卡纳的乡间平原、维苏威火山边的庞贝古城……每个"小"景点都让人如痴如醉、流连忘返。当你走过《西西里的美丽传说》里女主美妙地走过而吸引了无数男性目光的那个广场时,当你置身罗马废墟里望着夕阳的余晖时,当你在五渔村海滩上静静地欣赏着不远处跟海岸融合成一体的五颜六色的建筑时,当你在梵蒂冈博物馆望着《雅典学院》发呆时,当你在伦佐·皮亚诺设计的罗马Auditorium Parco音乐馆的广场外看着孩子们开心地玩耍嬉戏时,我会感觉自己走进了电影里、走进了历史课本里、走进了风景画里、走进了古代学院里、走进了寻常的意大利人的生活里。饱餐一道道正宗美味的意大利菜肴后,我会悠闲地在阳台上晒着太阳,眼前是一望无际的大海;此时此刻,我感到时间停止了,没有喧嚣,没有烦恼;这一切仿佛是梦境般美好,但这只是一个真实而普通的意大利的午后。

刻骨铭心——启蒙的导师

意大利的各种美好经历对我的改变是多方面的,在与意大利人的交流过程中自己的观念和生活态度也受了很大的影响和启发。意大利人的乐观积极是出了名的,"意呆"的称号就是对他们乐观面对生活的最好体现。他们既可以因为把手里的快餐打翻在地上而单膝跪地向上帝感慨不幸，也可以在地震后奋不顾身地跳进废墟里抢救他人。意大利人喜欢在悬崖边上攀岩蹦极，但也有做了一辈子"妈宝"的未婚中年男子。而在平时他们遇到陌生的路人，只需要一句话，大家就可以聊得热火朝天，"自来熟"也是他们大多数人的特点。受他们的影响，我自己也变得更加乐观和积极。无论是平时面对困难时，还是在跟所有人的交往过程中我都会比以前更加轻松自如地面对。

意大利人对生活的热爱，还体现在对体育的热爱。各项体育在意大利的普及可能是大多数人没想到的。就拿我生活学习所在的Lecco市为例。在这个不大的城市里，你会经常看到举办的各种自行车比赛、水上划艇比赛、铁人三项赛之类的国际比赛。在平时的马路上也不难看到在进行日常训练的自行车手。而作为学生的我，因为有米理的"米兰大学生体育卡"，可以免费在伦巴第大区内参加各种免费的体育项目。比如我会在Lecco本地的体育俱乐部打乒乓球，其他朋友也拿着这卡去划艇和击剑，到了冬天我还会跟伙伴一起去附近的滑雪场在陡坡上驰骋一天。意大利的生活让我整个人都更热爱体育了，也更愿意去尝试各种体育项目。我因此渐渐地养成了勤于锻炼、健康饮食的生活习惯。而这些也要感谢热爱生活的"意呆"们。

在意大利的两年游学经历使我收获良多。一方面是源自意大利恢宏的历史和古迹。一次次行走在伟大的古罗马街道上，跟一栋栋千年历史的古建筑擦肩而过，抑或在大台阶上休憩，漫步在巨石铺就的古城广场上，那些古罗马的印记让我看到了古代意大利人的伟大，也让我感受到现代意大利人的精神富足。我明白了他们有资本引以为傲，也明白了历史和文化对一个民族的重要性。由于专业的关系，我了解到意大利人用他们世界顶尖的古建筑修复和维护技术让几千年的古迹屹立不倒，以及背后他们对自己的古代遗产和文化的重视。这让我也对自己的"中华文化"有了更新的认识，也萌生了以后要为我们自己文化的传承和发扬努力的想法：希望以后能做好传统建筑的相关研究，让我们的传统建筑能重新走向世界舞台的中心。

另外一方面，我的收获也来自于米兰理工大学这所号称"意大利的麻省理工"对我的培养。在米理，老师严谨的治学态度，同学发奋积极的学习氛围，以及良好的校园环境让我对"学习"这个词有了全新的认识：我不再为了一个高的考试分数而去急功近利地做题，而是开始耐心地将复杂理论的每一个推导仔细地推敲，将每一个步骤的相关理论查得一清二楚；我会为了完全理解一个概念而思索一个下午，而不再像以前那样只背个结论公式就草草了事。这样学习的结果，使我在面对跟老师一对一的口试时显得自信有余而应对自如，也对知识本身有了更多的耐心和尊重。或许正是因为在意大利受到了这种传统的"欧洲教育"的洗礼，我萌发了继续钻研建筑设计和建筑科学的念头，这也让我后来在英国的研究工作变得容易了很多。

难以割舍——思念的故乡

在意大利，我前前后后待了两年。来到英国后的几年，我仍时常对意大利的一切念念不忘。我时常在梦里穿越到那气势磅礴的古罗马时代，走在恢宏华丽的大宫殿里，跟古罗马人诉说着家长里短。每当有人问起我的出国留学经历时，我会着重地跟他们摆谈我在意大利的经历。倒不是因为在英国的博士研究时光太过枯燥，而是因为意大利的时光太过美妙。即便在白天，在意大利的一幅幅画面也会时常在我眼前闪现：跟所有中国同学一起在春天的Lecco郊外的秀丽河岸边的八小时烧烤；与30多个同宿舍区的外国友人一起聚餐；跟老俞、小健一起在阿玛菲海岸悠闲地晒太阳；跟荣荣、鱼儿一起给比洋娃娃还可爱的小正太拍照；和小姐姐一起在卡塔尼亚跟"黑手党"警察合照；跟苗董、帆姐、刘哥一起在威尼斯夜里的海滩狂奔，而我却想念着当时在英国的她；跟Sonia、二哥、平哥一起吃那不勒斯比萨……太多的画面都值得回忆，都像发生在昨天一样。

现在每当有人提起意大利，我就开始两眼放光。偶尔会在英国的火车上遇到说意大利语的"意呆"，我会在一旁静静聆听着，仿佛一瞬间让我回到了那段灿烂的亚平宁时光。当我想念意大利的时候，除了翻翻以前的照片，跟在意大利认识的朋友叙叙旧，我还会看看宫崎骏的经典电影。在他的片子里可以找到托斯卡纳的"天空之城"、开着意大利飞机的二战飞行员"红猪"、"红顶黄墙小石板路"的意式街道……哦对了，他的吉卜力工作室的这个名字的意思就是"撒哈拉沙漠的热风"——"二战"时意大利侦察机的代号。

渐渐地，我发觉自己对意大利的思念，跟对中国的故乡的思念变得一样强烈。不能再在冬天里驰骋在陡峭的雪山上，不能再在平日里随时吃到可口的手工冰激凌，不能再从超市里买到种类繁多的蔬菜，不能再享受到四季分明的美好天气，不能再随时听到那犹如话剧的意大利语，我的心中很失落。或许我真该找个时间回去了，回去好好看看那个新的故乡，见见那里新的故人。

期待重逢——失落的天堂

在意大利时，我常常问周围的朋友："你认为应该用什么词来描述你对意大利的感觉？"我得到了很多答案，但有一个让我产生了强烈的共鸣：失落的天堂！是的，意大利或许有些"破败"的感觉：城市被遗迹和旧楼房主导着，街道也是以碎石板路铺就的小道为主，会有非法移民带来的治安和市容问题，时常可以看到经济萧条下的破旧厂房……但就在这些遗迹的石头边上，在一栋古老的建筑里面，在一条小路的石碑上，废弃工厂改建的公园里，你会深深地感受到那个辉煌的古罗马时代的波澜壮阔，会为生机勃勃的文艺复兴时代感到激情澎湃，会为罗密欧去见朱丽叶而历经的千辛万苦而动容，会感受到那个繁荣的"欧洲底特律"都灵汽车王国当年的热火朝天……虽然已经"失落"，但这里仍然是"天堂"。你还能在这里重温"天堂"的美好，或多或少地感受着"天堂"生活的富足。对我来说，意大利是充满了神秘和新奇的国度，是如痴如醉的仙境，是新的启蒙的导师，是令人思念的新故乡，是心中无比美好的天堂。

我爱你，失落的天堂。再见！

（邓曦　意大利米兰理工大学建筑工程专业硕士，英国卡迪夫大学建筑学博士。特别感谢邓一村、廖梦然对本文写作的修改建议。）

意大利去留一笑

Althea飞回美国的头一晚，我给她发了一条短信，祝她旅途愉快，原本想去机场送送她，毕竟近一年的时间朝夕相处，一起喝酒吃肉，自习备考，也一起逛过许多博物馆，甚至陪她报过警做过笔录……这样的交情原本在中国人之间应该至少需要在机场恋恋不舍一番才算尽到情谊，但这对于美国人来说又不免太过沉重。

当时在博科尼的班级里，近六十个意大利学生中只有三个外国人，Althea就是其中一个。她来博科尼的原因，除了调侃说是因为学费便宜外，另一个重要的因素是她本科除了艺术学外，双学位学的就是意大利语言和文学。毕业以后她因为机缘巧合进了纽约一家广告公司实习，由此产生了对广告的兴趣，结束实习后就决定报一个市场营销的硕士，以便将广告这条职业道路走得更名正言顺一些，商科和意大利的交集就那样不可避免地就出现在了博科尼身上。

因为是科班出身，她的意语虽然有很重的美国口音，但是和我相比她在语言表达的准确性和用语广泛程度上都要更胜一筹。有时我们和Elena在一起用意语聊天，一些我听不懂的表达多是经她用英语翻译后，我再根据自己这十几年在英语界摸爬滚打的经验才能得到正解。

说到Elena，她是班上的一个意大利女孩子，来自邻近法国的西北小城Aosta（奥斯塔）。因为Aosta是意语法语双语区，再加上她修国际政治研究生时期，在法国波尔多交换过一年，所以她的法语水平和意语差不多。她曾给我讲过一段她在法国期间的故事：一次她和法国男生第一次单独去餐厅吃饭，相聊甚欢，途中那男生居然一直以为她是法国人，当她无意间聊到她来自意大利时，法国男生听到后先是一脸惊奇，接着竟一反常态露出一脸不屑说："我不喜欢意大利人。"

短短数语间，她的法语之好和那个法国人之傲慢，都体现得淋漓尽致。

我们三人的关系走近其实是从在班上的位置变近开始

的——几乎整个项目的课程下来，在可以容纳一百多人的教室里，我们三人一直都坐在第一排。从不约而同地选择了第一排，这个最靠近老师、最深入敌军内部且最暴露自己的位置来看，这个举动至少可以从侧面体现我等都不是苟且之辈，自古以来英雄相交，这不是非常自然的事吗？

当然我等淡泊名利之人，是不会常把英雄挂在嘴上的。从其他很多方面来看，实际上我们的关系变铁也不难解释，以下是正解。

首先，虽然我是工科背景，后来转投了商科，但是对其他各文科领域的东西一直都很感兴趣，算是研究不深但涉猎较广，虽然我总是离那些领域的中心有千里之遥，但如果让我花一个下午的时间转转博物馆、看一个画展、听一场古典音乐会或是聊聊宗教，我绝对会视其为享受而非累赘。从这点来看，Althea的艺术文学背景和Elena的国际政治背景就相当对我胃口，和她们在一起，也从来不用担心什么时候会没有话题的。曾经那些周末，我们就在博物馆里看着一幅幅被钉在十字架上的耶稣画像，或是在米兰设计周讨论设计新奇的椅子度过。

其次，我和Althea的国际背景也注定了我们之间的交集。

所谓人以群分，其实无论在什么国家、什么场合，都会有不同的人按照相似程度组成一个个小圈子：在一个都是意大利人的班级，几个国际学生就组成了一个圈子，剩下的意大利人又因为不同的性格爱好组成不同的圈子；在一个国际舞会，你又会发现西班牙人会和西班牙人一起，意大利人会和意大利人一起；看到某个地方伸手不见五指也不要惊慌，那必然是一群黑哥聚成小宇宙；就是在国内某个城市里也是东北人一个圈子，北京人一个圈子，浙江人一个圈子……圈子人做事的习惯、说话的方式，又岂是一圈外人能轻易理解的？

　　在爱尔兰和加拿大的时候，我曾经努力地做过尝试，学西方人的语气说话、频繁地参加Party，结果发现他们讲的一些笑话在这么短的时间里你是难以听懂的，在舞会上和那些从小听着音乐扭大的孩子比，你打的拍子总是不在节奏上……这样下去，就有了点失去自己的困惑，后来也就不再勉强，除去必要的社交场合，和几个投缘的朋友按自己喜欢的方式在一起消磨时间，或是一个人看书写字为乐，就这样，在人群里静静一站，反会有些东方人的风骨出来；也反倒是这样，以一个局外人的身份旁观，对西方的文化竟也有了更深的理解。

我和Althea之间基本用英语交流，一次她不知道怎么说了几句意大利语，突然又马上打住，苦笑着说："我们之间怎么能说意大利语呢，这太奇怪了。"

而我们这个国际圈子里的Elena实际上是意大利人里的另类：她有很强的时间观念，上课快迟到时走在路上甚至会焦虑；对时尚丝毫不感冒，平时衣着朴素，在米兰设计周时以环保之名买了一个很中性的废弃轮胎制的挎包；和我们一起从未谈论过某人的相貌好坏（了解意大利人的都清楚这对一个女人来说太不正常了）……唯有对美食十分迷恋这一点，算是一点意大利基因的体现。

我们曾经在一起讨论过我们专业的设置。Althea以前学的艺术文学，Elena学的国际政治，而我又是水电工程出身……这么看来，市场营销可看作武林中的罗汉长拳，其理论实际上就是些常识，不限经历和专业背景，是谁都可学的，但是真要不同的人使出来，效果和威力大小却会有云壤之别。

在我表明观点说明这门课其实在学校十分简单，而难在真正实践后，Elena曾半开玩笑地和我说自己倾家荡产就为拿下这个Master，靠博科尼的名声来改变自己的人生，千万不要跟她说她做出了错误的选择。

其实坦诚地讲，按我对她的了解，她确实不适合混迹商场：她为人太过实在、不喜欢夸大其词（商场里有句名言，按我的记忆大概就是"Only the best talker will be the top manager"——"只有能说会道，才能登上商场顶峰"），性格又太过温和，没有商场里需要的狼性；反倒是她热爱阅读，喜欢结交各类朋友，爱好行走、旅游和探奇……这一切会支持她成为一个很好的作家。

Althea离开的行程实际上比预期提前了许多。

这次在意大利的经历，对她来说其实相当糟糕：她不喜欢小组工作时意大利组员们懒散的态度，也很讨厌意大利在商业上的繁文缛节，她常说这里的人在工作上的规矩太多，写个工作邮件就要用一堆的尊称和虚拟式，在美国哪儿需要这些。所以原本2014年4月毕业回国的计划被大大提前，就连项目要求的实习她也申请在美国完成。

她能走得如此洒脱，对我来说并不意外。反倒是我自己的去留，曾经一段时间里让我感到困扰。留，舍不得国内的家人朋友，还有熟悉的生活和文化；去，放不下这边舒适的生活环境、简单的人际关系和单纯的奋斗目标。

最后渐渐起了长居于此的念头，最近看的一篇叫"What pain do you want？"（《你想要的痛苦是什么？》）的文章，完美地解释了我决心背后的逻辑脉络。

表面上看不出来，留，并不是对两地正面因素进行对比后的结果，而是衡量两地所能给我带来的痛苦后的选择。

王家卫说，痛苦是人生的常态，这句话我不止在一个地方引用过，因为着实是一针见血封喉之语。大多数时候我们做选择时，需要衡量的不是快乐幸福与否，而是哪一种痛苦能更轻易地被我们接受。

按部就班的生活可以给你带来稳定，但你能不能忍受由此而平淡一生所带来的痛苦？创业可以给你带来财富和成就，你又能不能忍受没日没夜地工作而失去健康和平衡的痛苦？又能不能忍受你的商业帝国随时可能因为金融危机、竞争对手或管理不善而一夜倒塌的痛苦？

去，你可以生活在你熟悉的环境，每日和好友把酒当歌，但你能不能忍受生活环境给身体带来的不适、工作上通过应酬和人际关系做零和博弈、无法直接创造价值而碌碌无为的痛苦？留，你可以享受优越的医疗教育等福利，可以相对单纯地设立目标并不断靠近，可你又能不能忍受身为异乡人的孤寂，能不能忍受花了大量精力去学习语言习俗却发现还是听不懂一个唯独你笑不出来的笑话的痛苦？

对于我来说，无所谓暂时的孤寂和融入问题，更在意能长期可持续地创造真正的价值，所以在这两点面前，一切选择都变得清晰无比。

如今Althea离开近两个月，中途几乎没什么联系。前几个星期Elena实习前来米兰找过我和楚楚吃了个晚饭，后来我把当晚拍的三人合照上传到了Facebook上并圈出了Althea，向她打了个招呼。对她来说，那一走，倒真似"西出阳关无故人"了。

（徐艾迪　博科尼大学毕业生）

聆听米兰

　　我是一个在米兰出生、幼年时在北京成长的女生。到了小学一年级结束后因家庭原因又被送到意大利开始学习与生活，回到了那个对我来说既熟悉又陌生的城市。或许对于一个成年人来说，换个环境生活、学习，不外乎为了追求或逃避什么，但对于年幼的我来说，那是两个世界。

　　那时的我七八岁，对外界并没有太多的了解与认识，既充满了憧憬但又有一点胆怯。刚回意大利时，我的语言也是从零基础开始。或许是当时的中国并没有被太多的意大利民众所认识，他们的思维可能还停留在二十世纪六七十年代，所以在当时上的第一所小学里还是遭到了个别同学的欺负。后来父亲给老师写了封信说明了情况，老师详细了解情况后在课上当众批评了那几位同学，后来此类情况渐渐没有了，情形却是好了很多。随着我语言能力的提升，渐渐地融入了这个环境，融入了这里的圈子，把这里当成了我的家。而这里以孩子为中心的教育氛围，则为我后来的学习生涯奠定了良好的基础。

说起教育，这里给我感受最深的是"不拘束"。意大利的初级教育提倡的是快乐学习，而这里说的学习不仅仅是课本上的，还包括生活上的。每天学生的上课时间短，压力轻，课余时间多，所以每个人可以把更多的时间投入自己喜欢的事情上，踢球、声乐、美术等都是大伙的课外兴趣，这也为以后各自的发展奠定了基础，同时也达到了快乐学习的目的。后来听一些在国内完成初级教育的朋友聊到国内中小学生作业多、学习压力大等问题时，刚开始我还将信将疑，后来听的多了，也了解了一下国情，我才明白其中的缘由，并为此感叹不已。

我现在的身份是米兰的一所大学即将毕业的一名大学生。其实在我小时候，我从来没有想过有一天我会上大学。因为小时候贪玩，看见身边有些朋友的大学生哥哥或姐姐即使放假也在家中苦读，觉得大学定与我势不两立。如今我却觉得一切是顺其自然，而大学生活也并非一味地啃书而已。这里的大学教育十分自由，但也十分严格。其实你可以天天歌舞升平，但挂科的结果也是必然的。

　　大学的自由主要体现在学术自由、时间自由、上课自由。学术自由通常体现在一些考试中，常常会有很多考试要求学生对时事谈看法与想法，这在一定程度上让我们学会去独立思考发生在自己身边的事，同时也开始一步步接触社会，关心并了解这个社会。还有一些作业是需要团队来完成的，通常以小组的形式。在这里我们可以结交到来自不同国家的朋友，通过相互接触与了解，不同思维的碰撞，常常能有意想不到的惊喜，同时也能更好地去了解这个真实的世界。我们日常上课的时间其实不多，除了上课以外我们有大把的时间来自我学习或去涉足自己感兴趣的领域。在这里，上课是老师的事，听课是学生的事。大学老师并不会去关心有哪个学生没来、迟到或早退，老师只履行自己教书的义务。而学生也并非一定要是这个学校的学生，只要你愿意学习，也可有一席之地。我现在读的是本科，在班上也不乏看到一些三四十岁的中年人在认真听课。大学对我来说像是一条连接校园生活与现实社会的纽带，通过自主自立来把控对时间的分配，进而养成独立自主的习惯。

　　在大学的一开始，我还是有点拘谨，并没有认识很多朋友。后来渐渐在学校久了，也慢慢地结交了许多朋友，其中不乏有许多留学生。而我一开始对留学生的印象是聪明，数学好，但不怎么擅长交际，常常是国人扎堆，很少跟除中国人以外的学生交流。但等到后来，我发现并不是他们不擅长交际，而是他们的意大利语不是很扎实，不自信，所以怯于说话。而我也渐渐理解了，毕竟我是从很小很小的时候就来到意大利，在一生最适合学习的时光里学会这门语言。而他们在国内读完高中以后才到意大利，经过短短的一年的时间学习意大利语，就来进修这边的大学，的确也很有勇气。在佩服他们的同时，我也提一点不成熟的小意见：语言是文化的基础，文化是语言的展现，所以想更好地去学习、了解这边的文化，那必定要先学好这门语言。而语言学习的关键在于交流，在于不怕犯错，多说多听多记，犹如孩童学步一般，一步一个脚印，一定能拿下语言的这座高峰。

意大利，犹如一个在T台上走着猫步的长者，既潮流，又透露着沧桑。在这里，你既能感受到文艺范，又能聆听来自过去的声音。意大利，这片源远流长的土地，只愿有一天你也能踏上这片土地，去感受，去聆听。

（Tania　比可卡大学大二学生）

意国小歌手

Valentina trezzi，小名茜茜，在音乐方面具有天赋的中意混血小姑娘。

意大利和中国一样，也有各种类型的开发儿童兴趣和能力的学习班，包括足球、篮球、舞蹈、游泳等都很普及，我们一个不到三万人的小镇，就有三个足球场（包括一个高中学校的），两个室内球场，两个舞蹈学校，每个孩子都会参加一个以上的兴趣班，基本上以体育为主。音乐类的相对较少，毕竟学习乐器是件相对枯燥辛苦的事情，肯去学而且能坚持下来的孩子就不多，但意大利还是给喜欢音乐的孩子提供了很好的机会，稍大一点的城市都可以找到比较专业的音乐学校来进行各种乐器的学习，其中的佼佼者不限年龄都可以参加意大利著名音乐学院的考试，通过了就可以进行顶级的专业的学习。我也是在茜茜5岁的时候开始每周驱车20多公里送她去临近的一个大城市学习钢琴。可惜的是我们了解到的所有的音乐学校都没有儿童唱歌的课程，因为意大利传统的专业的概念是小孩子声带发育不完全，不可太早开始接受专业训练。

奇怪的是这样一个不赞成训练儿童唱歌的国家却有一个举世闻名的儿童歌曲金币大赛，每年都培养出一些出色的小小歌手。这个大赛是由意大利国家电视一台，自1959年就开始举办的世界幼儿歌曲大赛Zecchino d'oro（金币），这个节目已经获得了"世界文化遗产"称号，在全世界都拥有众多的粉丝，几十年下来积累了许多脍炙人口的经典儿童歌曲。我一直都很关注这个节目，发现这些小歌手大多来自音乐世家，主要是家庭的基因和熏陶才发掘和培养了孩子的歌唱天赋。我们没有这个条件，就只好去下载了很多金币歌曲和一些中国经典儿童歌曲，不断重复地放给茜茜听，因为都是些朗朗上口节奏明快的歌曲，她自己也很喜欢跟着唱。我们就用这样的方式让孩子在小时候很轻松地不知不觉地学会很多歌，也让她一直保持着对歌唱的浓厚兴趣。

到茜茜8岁的时候，她仍然热爱唱歌并表现出了极强的学习能力和热情，我们认为一个较系统专业的训练对她来说是必不可少的，经过努力终于找到一家音乐学校——Ricordi Music School（里科尔迪音乐学校），可以接收小孩子参加唱歌的课程，这所学校不是非常专业但也是一个连锁的音乐培训学校，在米兰周围几个城市都有分校。茜茜的歌唱老师是个很可爱的意大利大男孩，也许教学的资历和经验不足，却是一个非常热爱音乐的人，他本身就是个不错的歌手，也出过自己的专辑。他每次上课前都会先聊聊天让孩子放松下来，练声的时候也可以让茜茜坐着不必拘谨，选歌都是孩子自己来定，一切以孩子兴趣为主，唱歌的时候他似乎从没有批评过她。茜茜唱歌喜欢跟着节奏晃动身体，小老师不直接指正她，只说自己有一次参加歌唱比赛，唱完了评委就严厉指出他唱歌时一直用脚打拍子，破坏了整体的效果，这样茜茜也就明白了坏习惯不可有。这样总是以鼓励和表扬为主的方式，给了孩子很大的自信。这位小老师经常和茜茜一起唱一起吼，一起讨论喜爱的歌手发行的新歌，还热心地帮茜茜录制了几首歌，茜茜自然非常喜欢和享受。我想这样的方式会让孩子更加主动地热爱音乐，享受音乐，慢慢地茜茜唱歌形成了自己的风格，再加上学校提供的一些汇演和演出的锻炼机会，终于可以做到登上喧闹的酒吧舞台演唱而处乱不惊，在米兰的剧院舞台上表演也能镇定自若。但凡事都是有两面性的，意大利的这种教学方式可能有些过于随和，没有系统的教学计划，不容易扎实地学好音乐基础。

这之后在夏天回国探亲期间，我们也请了中国歌唱家邝实教授给她授课。与意大利活泼的小老师相比，邝老师的教学方法就严谨和认真多了。记得第一次去上课，邝老师就告诉茜茜唱歌一定要站直了，再一步步地教她如何呼吸如何发音，为了让茜茜掌握呼吸的要点，邝老师让茜茜把手放在他的肚子上感受他唱歌时肚子的起伏和气息的位置，有时也会拿个小皮球在地上弹来形象说明如何控制声音的弹性和力度等，每首歌都是一句一句地认真学习，及时纠正她发音中的任何细小的错误。虽然邝老师一直都是和蔼可亲的，茜茜还是难免有点拘谨，但这种专业细致的授课方式却可以很快提高对歌唱技巧的理解和掌握，以及对音乐的认真态度，真的每一堂课都受益匪浅，可惜在国内的时间太少，没能让茜茜和邝老师进行更深层次的学习。在国内"不要输在起跑线上"的观念深入人心，去参加各种学习班的孩子大多有一些功利性的目的，出成绩可能是件更重要的事，而在孩子的兴趣方面可能关注就少了一点。

但是不管是偏自由活泼的意大利式的教学，还是偏严谨认真的中国式的教学，茜茜都学习了很多东西。去年年底茜茜参加了意大利第一届华人春晚的海选，她略带沙哑的成熟声线和沉稳台风获得了评委的一致好评，赢得了在春晚的舞台上和意大利老一辈的著名歌唱家Carlo Facchini（卡罗·法科尼）合唱的机会，在正式的春晚表演里，两个人的精彩演唱得到了台下观众的热烈反响，也获得了晚会导演和舆论的好评。

（茜茜妈妈　自由职业）

一名国际生的意大利求学之旅

从2016年10月正式踏入意大利的校园，到如今已过去五个多月。其实从拿到录取通知书的那一刻就想要书写一路以来赴意求学的心路历程，一是希望可以帮助到想要来意大利读书的学子，二是想用文字纪念自己从萌生留学想法到顺利入学的这段过程。有幸得知旅意学者张长晓先生主编的《高贵的靴子——我们成长在意大利》一书征集稿件，便开始整理思路敲击出目前你所看到的这些文字，希望于你有所帮助，希望你一切顺利。

国内大学的时光过得飞快，每一刻都在盘算着毕业之后去向何方。诸多因素下，选择了来到意大利这个美丽的国度继续攻读研究生。留学的想法确定后，自己便开始着手去了解和准备每一个环节。为了将成本降到最低，在时间和精力允许的情况下我选择了DIY。从最初的一无所知，到最终可以成功入学，这是值得珍惜的，为了梦想而努力的美好时光。我相信如若你愿意，你也可以Do it yourself。

首先第一个问题就是学习意大利语这门小语种。当然意大利部分高校是存在英语授课的，但是无论英语还是意语授课，掌握该国家的语言都是一种必要。很多人会咨询什么时候开始学习意大利语比较合适，我认为对于学语言来说，越早开始越好。我最开始是利用大三的寒假，跑到北京开始学习意大利语，与此同时也开始了解院校信息。国际生与计划生最大的区别是没有时间在意大利进行意大利语的学习，而是直接进入所报专业的课堂学习知识。而且国际生是意大利面对所有非欧盟国家进行招生，不像图兰朵或者马可波罗计划生是专门针对中国的招生政策，所以个人的前期准备一定要充分。

由于每一年的赴意留学政策可能不尽相同，以下所涉及的仅是我当年的情况。我们要注意两件事情：一是由意大利外交部下发的对应年度的意大利各个院校的招生简章；二是对应自己所在领区教育中心的预注册（即确定报考学校和专业提交相关学历材料等）。由于预注册只能选择一所学校的一门专业，为了能够在意大利顺利入学，学校选择方面也必须谨慎。

　　想要更好地了解学校专业内容，当然可以咨询学校的学长学姐。而且现在意大利基本每个学校都有中国留学生联合会，所以我们获取信息的途径并不单一。当然每年的政策不是一成不变的，最好的就是直接邮件联系专业教授或者外国人办公室，进行相关问题的沟通。在中国能够接收预注册的领区目前共有四个，即北京、上海、广东和重庆。对于领区的归属要明确，我们进行预注册申请的领区是自己户口所在地归属的领区，而学历认证和价值声明的办理则取决于自己当前所取得的最高学历的颁发地所归属的领区。如果两个地方归属领区不同，便要注意自己是双领区学生。例如我自己户口是河北，属于北京领区，我要在北京领区预注册；而我大学在成都，则属于重庆领区，则要在重庆领区去办理学历相关材料。如果是应届生申请研究生，由于大学毕业证书的颁发一般在六月底，而预注册一般在七月中旬截止。所以一定要注意合理安排个人材料准备时间，以免错过提交材料的截止日期。我当时基本上所有的材料都做了加急处理，才把时间控制好。

关于申请材料需要准备什么，我们可以在意大利教育中心的腾讯官方微博上获取，对应的信息都会在上面同步更新。当在教育中心的预注册顺利完成之后，便耐心等待对应领区的签证中心官网下发签证名单，按照官网给出的签证材料清单备齐文件递签。2016年北京领区对于要报考意大利院校的预注册学生首次采取了旅游签证政策，即学生（所申请学校有入学考试且未拿到录取通知书）需要申请旅游签证赴意大利到自己所报考的学校参加入学考试，顺利通过并拿到录取通知书之后再回国重新申请学习签证。非该类学生则可以正常申请学习签证。

完成预注册所需要的文件有：A/F/Abis/Fbis表格、照片签名认证表格、两寸白底证件照3张、护照原件及其首尾含有签字页复印件、Uni-Italia 表格、有关委托意大利教育中心 Uni-Italia 处理材料及代取价值声明的委托书、1860元材料审核费汇款底单原件、经过中国外交部认证的带有意大利文翻译的学历公证书原件、意大利使馆文件认证申请表与价值声明申请表、教育部学位与研究生教育发展中心学历认证英文报告。这些文件所需要的表格在教育中心给出的清单上都有链接，可以下载下来自行填写。注意一定不要填写错误，时间耽误不起。还有就是如果有疑问，可以自主联系意大利驻华大使馆 Uni-Italia 意大利教育中心办公室寻求预注册相关问题的解答。由于咨询问题的人超级多，电话经常处于忙的状态，所以我建议发邮件咨询是相对比较合适的办法。

预注册完成之后就是准备签证材料等待签证中心公布名单后去递签了。一定要提前准备好材料，不要错过合适的递签时间。在签证申请的环节，也会有被拒签的风险。而被拒签的学生很大一部分签证官给出的原因都是资金不足，难以支撑在意大利留学所需的费用，所以对于资金材料的准备一定要充分。

签证申请完之后时间其实很紧迫，因为每个大学的时间安排都不一样，一定要看好自己专业的考试时间，进行合理的安排，从而保证能够顺利入学。另外就是关于获得意大利语水平证书的考试不像雅思、托福每个月都有，为顺利拿到证书要明确每个考试的时间安排，从而报名考试。由于国际生在申请签证时可能会有签证官的面签，2016年开始意大利使馆文化处也首次开展了针对意大利语口语的水平测试。通过该测试可以免除面签。当时考官给了我两篇文章阅读，考官会根据文章内容进行提问，然后就是日常口语的交流。不会很难，差不多是A2-B1的水平。

来到意大利的过程，说简单不简单，说难也不难。感谢这段美好的时光，在准备的过程当中我也认识了一群互相帮助的小伙伴，大家互相讨论每一个细节，每一个可能存在问题的环节，从而使得效率也大大提高。感谢这段旅程中每一个帮助过自己的人。我相信只要你肯静下心来准备，相信你可以顺利就读自己心仪的学校，在意大利这个美丽的国度里享受自己的求学生活。I will be right here waiting for you。

（王青怡　毕业于西南民族大学，现为意大利米兰比克卡大学金融在读研究生。）

在意大利留学生活是怎样一种体验?

　　很久之前在知乎上看到过这个问题，当时还未出国也没想过这么早就去留学，对意大利的印象也只是通过影像资料得知的"美好的艺术设计学习的国家"，心想着要是以后有机会能在米兰求学该是种多美好的生活。加上很小的时候就对设计师这个职业产生了非常大的兴趣，艺术和现实的结合好像立刻就跟其他完全具象化的职业划清了界限，兜兜转转最后能选择设计专业想想也是件非常幸运的事情。

　　大多数人选择留学意大利是因为申请学校简单，留学费用也比美国英国便宜，相比于国际生，图兰朵、马可波罗计划的受众范围更广。

　　当时我选择的是佩鲁贾外国人大学，由于分班考发挥还不错便进了国际班。学校直接拿了作废的皇宫作为教室——

头上罩着的穹顶，老师上课的讲台，到处是光泽不再或者已经修复的壁画，顿时生出一种在欧洲古典学院学习的满足感。教授不仅仅是课本教学，还有各种历史、地理、音乐、文学课，课余还有学校合唱队等各种小聚会，现在想想学语言的日子的确是最轻松的。班里同学有的是从事自己不喜欢的工作后辞职来游学，有的本身就是艺术家想在意大利继续发展，平日里一起学习聊天，也会给当时还未成年的我许多他们的生活经历和想法。

等到夏天入学考来临，同学们大包小包都离开了佩鲁贾前往自己求学的城市，或许临出发前还会埋怨没有空调的旧式公寓，半夜靠着电风扇睡了醒醒了睡大呼怀念国内空调间盖被子的日子，或许还想约伴去中心广场的台阶上喂喂鸽子，走走市中心的街道买点特色巧克力冰激凌，或许是头也不回急匆匆地踏上了火车，然后这个本想着以后还有机会再来的佩村就在车窗边一点一点远去。

第一次来到米兰说实话是失望的。本以为国际大都市时尚设计之都跟上海、深圳一样繁华，然而欧洲城市好像偏偏不着我们平日想的调：几百年前根本不为人知的破败雕塑建筑，留着！只够来去两边的双行街道，不改！一到周末，小到商铺餐馆大到银行政府机构，不开！当然不能说是全部，但周末兴冲冲去囤积粮食，在紧锁的超市大门前风中凌乱也是家常便饭。然而时间久了就会发现，这已然是他们平日习惯的生活方式，不能说对与错，你在这里生活，感受文化，悄然间也会改变平日只顾一个劲儿往前冲的快节奏生活。更何况，这就是意大利人。

他们很喜欢美食；我跟班里同学小组作业做到一半组员都会聊起如何烹饪意大利面，讲起奶奶牌美味的番茄牛肉粒酱；他们很喜欢手势语言，有时候你不能听明白全部，通过手势也能知道个大概，突然想起之前在微博上很火的意大利老爷爷教朋友手势，不同语言的表达也是有它可爱之处的；最重要的一点，他们很赞同自己的文化，艺术文化、美食文化、歌剧文化等等，都在强调人主观的重要性，强调参与事件中自己的感受，不会因为社会生活的束缚强逼着自己做不喜欢的事情。

我在米兰时间不长久，两年多一点的时间，仿佛昨日还在参加入学考，紧张兮兮地等待成绩，站在短租一个月房间的阳台上看着楼下的电车行人，不知道自己能否顺利入学，能否留在米兰，能否在这个城市获得些什么而不浪费自己年华最美好的时光。米理的入学考录取比例相比于其他学校都比较低，竞争也很激烈，当时还听说留学政策改革，第一志愿没法入学就得回国，脑子一根弦绷着，再施加任何一丁点儿的外力都不知道下一步该怎么走。现在想想也着实好笑，就好比国内的高考，你当时以为那已经是人生最重要的一次考试，不成功便成仁，但其实高考只是你打开新世界大门的一小步，接下来还有很多人生重要的时刻，有些时候你战胜了冲出人围了，有些时候你赶不上关门被拒之门外，你该怎么办？很感谢在米兰许许多多这样考验的时刻，不能自诩心态有多强大但起码不会再像入学考那么手足无措，明白了自己在未来道路上真正想要什么，只要道路没有偏了方向，你就是在进步的路途中。

现如今我已经是大二的学生了。米兰理工设计系作为排名世界前十，能有幸成为万千学子中的一名，说实在话是自豪的，但当你真正进入一个好的环境中你会瞬间发现个人很多的不足。你在一个群体中获得了优势，但到了另一个群里，又是从最底部开始爬起。这或许也就解释了很多人的疑问：为什么要读书？为什么要出国读书？

或许学习直接给你灌输的知识并非对你的未来生活有多

大用处，但因为你接触的学习环境氛围，接触的人不同，对自己的认知也会不同，你会在其中培养自己的世界观、价值观，发现自己真正想付出时间、付出劳动去学习乃至追求的人生目标，不局限于小范围的当下而是放眼自己的未来，这才是最关键的。

之前阅读过一篇文章，讲述了特修斯之船的悖论：一艘可以在海上航行几百年的船，归功于不间断的维修和替换部件。只要一块木板腐烂了，它就会被替换掉，以此类推，直到所有的功能部件都不是最开始的那些了。问题是，最终产生的这艘船是原来的那艘特修斯之船，还是一艘完全不同的船？如果不是原来的船，那么在什么时候它不再是原来的船了？——个人观点，一百多年历史的米兰理工，教学楼翻新，树木绿化新建。教师、学生，一批批来了又走，培育了很多出名的设计师、业内领军人物。我们作为其中不过匆匆几年的学子，如何能成为让这艘"大船"一直往前开的有效"零件"？新的文化潮流、新的理念汹涌而来，我们又如何基于此刻的"米理"朝向正确的方向进步前行？以此类推，在未来要就读的大学，未来要工作的公司，怎样传承良好的积淀或者立足于良好的开端，在不断更变的社会生活中证明，此时的环境相较于彼时成功的环境仍是相同甚至是更好的？

意大利的生活说轻松也轻松，说艰难也不容易，没什么人管你。不管怎么样，人生都会有离开自己熟悉的家园，在一个或友好或陌生或残酷或无拘无束的新环境中扎实脚跟从头做起的时刻。希望我自己，能在几年之后仍不愧对于当初做的决定，不期盼有多大的成功，但在回忆起这段在意大利学习的时光时，能笑着说，还好，我并没有愧对于我的青春。

（沈心苗　米兰理工大学学生，意大利杏仁学社社员）

三月摩卡壶

阳光落在浓缩咖啡氤氲的水汽上，随着这一次放晴，是时候收起麂裘，拿出葛衣，此刻开始，即便起风，也多煦暖。每天早上手冲咖啡变成了一种习惯，早在我刚刚抵达意大利的第一周，房东太太手把手教会了我使用摩卡壶，那一刻我便安了心，知道来意大利学设计这个选择是正确的。

设计是一门融合文科、理科和艺术的学科，决定去学设计的去处，一定不是只权衡课桌黑板之间的理论质量，更多的是感受融于特定环境里的人类文化和审美趣味。使用摩卡壶的过程让人感受到一种文化仪式感，这是意大利人很在乎的一种状态。和这个三代同堂的意大利家庭享用第一顿晚餐时，太太就毫未掩饰对于仪式的坚持：用餐时手肘一定不能撑在桌面，不能使用手机，不能与身旁的人单独交流，身体必须坐直，食物用餐具递送到嘴边而不能低头去迎接食物。头盘，第一道，第二道，甜点，咖啡。当所有人都结束一道餐，才会端上下一道，千层面、火腿配哈密瓜、刚烤出来的披萨。

晚餐通常七点半开始，有时十一点也尚未尽兴。每每有寄宿的外国朋友加入与告别的时刻，这样一顿晚餐就会作为特定的仪式存在。厨房里气泡水机的声音，烤箱里蛋糕的香味和摩卡壶的"嘟哝"，这是最后的属于咖啡的时间。太太打开电视，大家轻松地聊着天，交错听着来自英国、德国、日本或是蒙古的故事，壁炉的火呲呲发热，这一切像徘徊在大陆和海洋间的热气球，就在这时喝一口意式特浓咖啡，这只热气球便会停在这亚平宁半岛上了。

而这一周，是开春的一周，亦是开学的一周，去往教室的路上，就遇到一头金色短发的女同学十分兴奋地说，"你知道吗？我们第七啦"。我也很开心地笑起来，她指的是刚出炉的2017年QS世界大学设计与艺术学院排名，米兰理工大学设计学院的综合实力在这一年中赶超了耶鲁大学和斯坦福大学，位列世界第七。

入学两年以来，米兰理工大学设计学院的排名稳步上升，这是每一位学子都感到十分荣耀的事情。当然，随着学院实力的提高，慕名而来报考的学生也日益增多，相对来说，米兰理工大学的入学考试对真正热爱设计的人是十分友善的。

回顾我当年的经历，报考时是不需要语言证书的，考核完全基于入学考试，当时考查的六大部分是逻辑，数学，阅读理解，包括音乐、历史、政治、时事等题目在内的通识，艺术史和英语，其中英语不计入总分，只是作为能力评定。其实早在语言课程中，就有意大利的老师针对各专业的入学考试进行指导，除此以外，因为语言课程安排轻松，这大半年也是最适合自主了解这个国家、了解所选专业和准备考试的时段。数学和逻辑对于中国人来说是入门级的难度，阅读理解需要一定的意大利语基础。而因为生长环境的不同，没有从小耳濡目染的熏陶，通识和艺术史相对来说是难度较高的部分。

尽管如此，这个部分却是我最有兴趣的部分，BBC的系列纪录片《西洋艺术史》以及贡布里希的《艺术的故事》都是有广度、有深度的艺术史学习渠道，一旦兴趣生发，基本知识也了然于胸，就可以带着向往有目的性地周游与探访。你将看到的是庞贝古城的一块砖上封印的古生物，乌菲齐美术馆一幅画里藏的笔触，帕台农神庙穹顶泻下的一束光里的尘埃，真切地在你面前。我怀着对设计与艺术的景仰和对这个国家的兴趣，顺利考入了这所仰慕已久的大学。

这是一所公立理工类大学，秉承着严谨治学的教学模式，课程主要分为理论课和实践课，相较于国内每一门课教授一个学科，这里经常出现一门课包含两到三个学科的情况，例如第一年的设计基础课包括工程制图、手绘以及模型制作三个部分，每部分负责教授之间的课程计划相辅相成，将教学效率最大化，这也是我觉得意式授课最独特的地方。实践课的考核通常依照平时作业与小组项目的质量综合评定，在小组的选择上，我从刚入学就刻意避免了过分依赖华人圈子，也许刚开始没有意大利同学主动邀请，但只要在平时的作业中就要尽量发挥自己的闪光点，在每一次小组合作中积极表现自己的能力与特长，不久便无须担心结交不到志同道合的组员。有了优秀组员的交流与相处，我对教学内容的理解加深的同时，也让项目设计更加多元化，形成一个良性循环，这不仅让最终成绩有了保障，也对设计能力的培养大有裨益。

除了日常校内课程以外，展览可谓设计专业在读生最好的汲取知识的途径了，大小博物馆、美术馆的常驻展、临时展自不必多说，还有在全球享有盛誉的米兰设计周，每年都吸引了世界各地的设计师与设计爱好者前来参访。前两年我陪同国内慕名而来的企业和学校参访与交流，今年自己的设计作品有幸被选作展品，让我真正参与到了设计周之中。米兰理工大学作为意大利的设计名校，其校区也是设计周的展区之一，因此作为设计系的学生，就有得天独厚的机会可以参与这一盛会。设计周展区主要分为两部分，国际家具博览会和场外展，家具博览会上可以从成熟的家具企业的展位分析设计趋势学习设计理念。而分散于米兰城区的多个场外展区则汇聚了更加丰富多彩的年轻力量，就像一个设计艺术爱好者的狂欢派对现场，更加具有创造性和交互性，装置艺术、手工作坊、体验式展间、概念展，感受完这一切，恰好夜幕降临，在逛到腿软的一刻坐在运河边和好友喝上一杯，弥散在每一个街区的氛围都在诉说着，这就是米兰设计人的真实生活，就像三月空气中摩卡壶里升腾出来的浓郁气味，是舒适的，亦是厚重的。

（张玉瑛　就读于米兰理工大学工业产品设计专业。温和而独行，渴望感受人的渺小与伟岸，因此立愿涉尽山海，探极史脉。）

在意国学雕塑的日子

　　为了生活得更加有趣，为了艺术，为了学习更多的知识，更为了出来看看外面的世界，我带着自己始终不怎么安分的心逃离了灰蒙蒙的艺术考前教育，来到了远在八千里路之外的另一片土地——意大利，事实证明这片地球另一边的热土并没有让我失望，除了越来越多的难民的到来之外，它给我以热情的阳光，一年多异国他乡的生活教会我独立和成长，更予以我一片艺术的海洋，让我身处大海深处流连忘返。这片文艺复兴的发源地上满眼都是艺术和历史留下的痕迹，一点儿也不曾消逝。我开始同当地人们一样在这些世界物质文化遗产中穿梭来往，这样的生活在艺考失败前我不曾想过自己竟然能够亲身体验。

　　现在我就在这里，坐标意大利，就读于博洛尼亚美院，是一个真真正正的雕塑大一学生。说实话，一开始上课的时候听着教授用意大利语给我们念书，全是外文的PPT讲稿，身边的意大利同学们在热烈地聊着天，这一切全然不像是真实的样子，我总在想为什么自己阴差阳错地会来到这里，然后成功地考上了这里的美院，会和这么多外国同学相处融洽，这一切的起因也许就源于我受不了国内考前班的压抑气氛。那里的人，不管是学生还是老师，仿佛都在用他们的日常行为和生活方式跟我说着同一个道理，那就是，你就负责在这里画好每天老师布置好的任务，跟同学们一起从白天画几何静物到晚上再临摹20张伯里曼开始，老老实实地度过接下来在画室的半年，然后准备校考的题目背一定数目的画稿，报名参加考试，结束后回归校园，准备文化课的复习，安心参加高考就可以了。

就像上面所说的步骤那样，我带着最初的好奇心和期盼开始了这样一段跟所有艺考生一样的"艺术"旅程。撑起画架子打开铅笔盒就能坐在一堆静物的前面耗上一天，老师们教课也算尽心尽力，时不时地帮同学们改改画儿，跟大家一起唠唠嗑儿。后来又过了一个月，眼前的静物换成了一个又一个的翻制石膏像，有我们都认识的塔头、小卫（米开朗基罗为美帝奇所做的雕塑）、海盗（古罗马著名的悲剧作家塞内卡），还有荷马、罗马青年等，可等我在来了这边见识到了那些年被我们写生过的石膏像的雕塑真身之后，还真是压抑不住当下自己内心的惊讶，究竟这翻模的工程是经过了多少道工艺才会成就它们的另一副模样，我们那样仔细描摹失真的它们，学习其中人体的结构和动态，结果就是考前班的我们并没能通过想象力把那些省略掉的细节填补上。

　　话说回来，整日这样一模一样毫无变化的绘画基础练习消磨着我对它的兴趣和热爱，这时楼下神秘的造型班悄悄地开课了，我不顾管事阿姨的反对毅然决然地跑到楼下，想感受一下这个看上去跟楼上不太一样的绘画气氛。色彩的新世界向我张开了热情的怀抱，我开始拿着小水桶和调色板在画纸上勾兑颜色，偶尔看老师们做做范画偷偷懒，又过了一个多月之后画室开始给我们请来了各种各样的大龄野生模特，抠脚的大叔、坐在椅子上睡觉的大爷……炎热的天气下千姿百态的模特们，同学们也拿着笔画得不亦乐乎，可每当下课后，环顾一圈大家不尽相同的手法却近乎一致的作品之后，就完完全全地失去了完成一幅画的欢喜，那时候画室就仿佛是一个声势浩大的森林，里面的每棵树都有相同的高度，相同的枝叶，连倒下的树里的年轮都完全一样，这种冷漠的氛围开始使我变得恐惧，因为我并不想变成它们其中的任何一棵。

认识了画室里很多复读的人们，少的一年，多的已经在画室里待了六七年，可能都没能成功地考取央美，他们带给我的感觉大多是无奈，就拿身边一个朋友的例子来说，第一年他考上了央美的城院及好几所美院，但她没有去上，决心第二年复读，可结果第二年一所也没有被录取，就这样开始了第三年的复读生活，在朋友的介绍下拿着自己的作品去向央美里的一位老师讨教，却被说基础不错，但是考上的可能性小，被问及为什么，老师说："不合央美的套路。"

这样的套路并不是很合我口味，所以，我来到了位处地中海的亚平宁半岛，开启了又一扇艺术世界的大门，这次看起来我的打开方式好像没错，我开始感受到艺术世界的广阔和绚烂多彩，每个城市拥有大大小小不同展品的博物馆，街道上记录着不同时期的雕塑和教堂，连城里的石子路都好像散发着艺术的气息。新学期一开始，每个学科的教授都会布置需要学习的相应书目，书目的范围非常广，这是我没有想过的，涵盖了从艺术史到心理学，从符号学到宗教、哲学，再加上全部的意大利文，一开始读的过程是非常艰难的，但是慢慢读，一点一点开始发现书中很多很多丰富的知识，打开了我的视野，同时也带给我很多想法和灵感。主课的教授也总会跟我们讲米开朗基罗说过的那句话，艺术家不光要用手，更多的是用脑，只有领悟了事物背后本质的意义才会懂得如何去创作，做出自己独特风格的艺术作品。再加上每个月的其中一周，教授会给我们不同的材料，让我们去利用材料的特性和自己的想法在一到两天的时间内去做出不同的作品。

第一次的时候我很迷茫，拿着手中的材料不知道要干什么，就坐在地上看班里其他意大利同学做，他们随心所欲的作品让我开始有了想法，其实教授们并不会去给你什么要求。当你拿着作品草稿去和他们讨论，他们不会告诉你什么教条的技法，而是会根据他们的经验告诉你这个作品如何去完善和延伸，也会推荐很多类似的艺术家让你自己去学习，就好像雕塑的表达方式不止于雕塑。这里的所有人都在用很多种媒介去表达自己的想法，他们中的很多人并没有学过什么传统的素描，但是这好像并不妨碍他们做出属于自己的作品。

　　我不知道标准化的考试带给了我什么，一个比其他国家同年龄的人更聪明灵动的大脑？还是通过考前集中培训出来的绘画基础和知识储备？显然到现在为止，我收获到的是应该恪守陈规和要本本分分做事的思想，但是我并不想接受，况且艺术不是这样的，绘画也不是这样的，它们都是需要那些自由自在的灵魂去发现和探索的，但在意大利美院不到一年的学习，真的让我受益匪浅。总的来说，不管在哪里，还是要多读书，多思考，多去外面走一走。

　　　　　　　　　　　　　　　（小雷　博洛尼亚美院学生）

PART 3

你所不知道的意大利

　　从事中意文化交流多年，我深刻体会到辉煌的古典艺术传统使意大利成为真正的艺术圣地，也使艺术融入了意大利人的血液中，成为整个意大利人的精神追求。徜徉在意大利街头，那些路边的理发师、修鞋匠，随时都有可能即兴来一曲歌剧小调，令你叹为观止。穿戴体面地去欣赏歌剧，虔诚专业地品味名画早已成为意大利人生活的一部分。当然，意大利人的精神追求不仅表现于此，同样也表现在穿着和生活态度上的品位上。名扬世界的意大利时装、令人赏心悦目的意大利美食、造型艺术与现代科技文明完美结合的意大利汽车、家具等无不充溢着情趣的精品。可以说，在意大利，丰富的艺术性得到了淋漓尽致的表现。再者就是意大利的葡萄酒文化，意大利拥有2000多年的酿酒历史，由于地形变化较大，各地气候不同，加之葡萄品种繁多，使意大利拥有许多风味不同、品格独特的葡萄酒。我个人比较喜欢的是Barolo（巴罗洛），相信口感颇适合国人。在佛罗伦萨的乌菲齐美术馆，存放了一幅400年之久的名画《酒神巴克斯》，由著名意大利画家卡拉瓦乔所画。酒神半露右肩，头发缠绕着葡萄藤，左手轻轻拿起盛满葡萄酒的酒杯，桌前摆放着各种水果和半瓶葡萄酒，脸色白中透红，神态优雅，眼睛微倾……这幅画让您感受到葡萄酒与艺术的充分融合。

任性玩转佛罗伦萨Food&Wine饕餮盛宴

　　在意大利佛罗伦萨每年都会举办一次让酒虫和吃货们无比欢乐的盛会——Food&Wine in Progress。今年是第二届，所以不是特别出名，但在这里一天能值回10次票价，因为意大利人在吃喝玩乐问题上的认真执着绝对真爱无敌。我这就带大家去转一转，放放毒，这样明年就有更多的小伙伴来和我一起喝酒了！

　　先介绍一下这个展会：规模不大，算是一个地域性展会，但主办方却非常厉害。有世界上历史最悠久的侍酒师协会——AIS（意大利侍酒师协会），以出秀色可餐的星级主厨而著称的"托斯卡纳厨师协会"，托斯卡纳商业协会，以及欧洲最大的农企协会Coldiretti。

他们甄选出141家酒庄、30个相关商家、7家农业企业参展，除此之外还有肉店协会、面包甜点师协会，20家米其林餐厅的展台带给大家一波又一波的视觉和味觉震撼。我这里插一句，其实这个展会的葡萄酒部分就是AIS每年都会举办的"托斯卡纳名酒品鉴会L'eccellenza di Toscana"，今年已经是第16届了。所以，酒仙酒神们，记得每年都来报到！

今年的展会是11月27日至28日，周日周一两天，早上10点到晚上7点，地点是佛罗伦萨Leopolda老车站，它是一个旧火车站改造的会展中心，一年365天，天天办展。从中心火车站SMN坐有轨电车过去只有一站路，步行的话10~15分钟。

一进门就被香槟豪车晃到眼睛，金发大妈侍酒师的笑容十分给力，一边给大家倒酒，一边说：快把我的照片发到脸书上！

门口一边是售票处，一边是AIS服务柜台。先买票，普通票25欧／人，会员票10欧／人。我忘记带记者证，所以还是花钱买了会员票，每年会费不是白交的好不好！进门的时候保安会在大家手上印个印章，方便进出，是不是让你想到了当年的Disco厅？

买完票以后去AIS的柜台领杯子，交5欧押金。在意大利一般这种酒展都会提供杯子，出门的时候归还，并退回押金。有时候杯子钱含在票价里，走的时候可带走，他们也省得洗杯子。我个人不太喜欢在包里塞一个又脏又酸的杯子，不过我很喜欢他们那个无纺布的套套，可以将杯子挂在脖子上，腾出手做记录。

AIS会组织一些Wine Tour（葡萄酒之旅），有专业侍酒师带三五个人去各个展位品酒，历时1~2个小时，可以当天报名，非常值得参加。

还有一些主题品酒会需要提前报名，比如我参加的这个陶罐酿酒品鉴会，这次只有30席，两周前公布的，半小时就被抢光了，所以一起来的小伙伴都没能参加，为此我遭到不少白眼。

不知大家是否知晓，橡木桶陈酿的主要目的是对葡萄酒进行微氧化，从而软化单宁。但在这个过程中，橡木桶会或多或少地将木头本身的味道浸入酒中。经过木桶里陈酿的酒，其独特味道很容易被发现。但是陶罐就不一样了，它不会带给酒任何容器的味道，但氧气同样可以通过陶土里的微小缝隙对葡萄酒进行微氧化，所以酿出的酒更能凸显葡萄本身的香气和味道。不过目前这种方式酿造还属于非常小众（除某些东欧国家一直以来都有传统，其工艺比较"粗犷"，我们另当别论），对烧制陶罐的土质要求也偏高，所以这种酿造工艺还在不断优化中，不是每一瓶酒都可以做到感官平衡。在此呼吁更多学者去研究更多酒庄来尝试，让大家享受到一些独特的滋味。

我们回到展会上来。参加酒展之前一定要做计划，因为不可能一天之内尝试几百上千种酒。我这次的计划是粉红酒，因为数量比较少，而且容易分辨不同的酿造工艺，毕竟我是酿酒的，对这个比较感兴趣。不过这一圈下来也有几十种，即便不是每种都下咽，到后来也有点过头。所以在此提醒大家，参加酒展一定要带水和无盐苏打饼。

（王璐　品酒师，跨国企业高管）

"有机"的故事

前两天我出差到上海，办完酒店入住已经过了晚饭的点，但好不容易去一趟国内，不吃一顿如何对得起我蠢蠢欲动的吃货心，于是我换了双鞋，拉着小伙伴出门觅食。

酒店附近有一家港式火锅店，我们两人点了一个小锅，一些鱼虾牛肉，鲜美滑润。海鲜如果新鲜，价格贵一些也无妨，但让我比较诧异的是蔬菜的价格，只要挂上"有机"二字，价格就会翻好几番。我一边看着服务员从花盆里剪了一把豆苗直接装盘上桌，一边和小伙伴感叹国内的套路，小伙伴回答说：你还没见过真正的名堂经呢！有些餐厅供应的所有蔬菜都是用花盆种的，现拔现炒，一个球菜能卖二百块钱，吃完了还在盆里撒上种子，让你带回去继续种。

记得刚出国那几年，觉得意大利的蔬菜又少又贵又奇怪，像洋蓟、甜茴香、红菊苣什么的，当初连名字都叫不上来，更不晓得如何下口。于是每次回国第一件事情就是去菜市场买各种各样的蔬菜回家做。那时候奶奶让我别买特别整齐漂亮的蔬菜，找找街边那些农民用小筐子担来卖的菜，菜上往往有泥土，叶子上也会有些虫咬的缺口；她说那些菜都是农民自家种来吃的，不会洒农药。

所以，在我小时候还不知道"有机"这个词的含义时，只知道那些只撒大粪，不洒农药的菜是最健康的。

大概十年前，"有机""绿色""无公害"这些词慢慢出现在我的生活里，不是因为别的，而是因为原本属于浙江最偏远山区的家乡突然摇身一变，利用天然资源找到了一条致富路。但当时那种所谓的"有机"，说得好听是淳朴，说得不好听是因为落后。这不禁让我想起去年在斯里兰卡看茶园的时候，我问茶农："这些茶叶上洒农药吗？"茶农诧异地反问："啊？农药？"原来斯里兰卡某些地方穷到根本没有钱买农药，茶叶也自然是"无公害"的。

真正接触到"有机种植"是进了农学院之后，才明白它不仅是一门科学，一个体系，更是一种信念。

其实在不久远的过去，所有的农场都是一个闭环系统：

人类辛勤劳动，种植物喂动物，动物的粪便种植物，从而能吃上菜、肉、粮食以及奶制品，营养均衡，自给自足。

可从十九世纪开始，随着人口增长和迁徙、农业机械化、农作物筛选、种植技术优化等一系列原因，从事第一产业的人越来越少，种植主要集中在平原肥沃地区。种粮食的农场只种粮食，养牛的农场只养牛，原本的环环相扣就这样被切断。农作物没有了有机肥料，只能依靠化肥，土壤里的有机物质逐渐流失。为了更高效地种植，农作物的品种越来越单一，转基因植物也成为主流。作物单一化之后，相互之间失去了牵制，环境平衡变得越来越脆弱。人们不得不用化学农药来挽救收成，但这是一个无底洞：越是使用，越是再挖更大的一个坑。

当然，我从来不是一个偏激的人。人类迁徙、工业发展和技术优化，包括转基因技术都是文明发展的历程。我们能做的，是在创造、改变和消耗中找到一个平衡，也就是所谓的"度"。

在农业上，"有机种植"以及相关概念的形成是人们正在寻找这个"度"的证明。我们不断尝试，不断犯错，不断修正，毕竟要在农业生产方式、环境保护、生产者和消费者健康以及商业价值之间找到平衡并不是一件容易的事。也许正是这种动态的平衡才是驱使我们不断前进的动力。

在这里我并不想介绍那些枯燥的种植方式和检验标准，既然我是酿酒师一枚，就来说说有机葡萄酒吧。

所谓的"有机认证"其实并不是认证产品本身，而是认证它产出的过程。2012年8月之前，在欧洲没有所谓的"有机葡萄酒"，而只有"有机种植葡萄所酿造的酒"，也就是说葡萄酒和其他农副产品一样，只有原料是有机种植的。直到后来欧盟制定了较完善的酿造标准之后，我们才有了"有机葡萄酒"，它是迄今为止唯一拥有"有机认证"的农副产品。

意大利政府每年都会给采用有机种植的农场按照种植面积给予补贴，涉及的金额不小，对农民的吸引力颇高，因此造成了有机葡萄酒市场的鱼龙混杂。有挑战"天然无添加"极限的良心酒庄，也有上有政策下有对策的骗补酒农，但大家都有一个共同点，就是因为种种不可控性，酒的口感相对比不上普通葡萄酒，酒体往往不太平衡，味道上有瑕疵。

几年前我遇到一个酒庄老板，他们家采用有机种植和酿造，但他拒绝在商标上标注出来。我问他为什么，他说写了反而难卖，销售渠道也很窄。当时大家用两套标准去衡量普通酒和有机酒，觉得想要健康就只能在口感和价格上做出妥协。

可在意大利这样的美食王国，要让人们在味道上做出妥协并不容易，而且普通酒的质量一点儿都不差。记得去年的一次圆桌会议上，我就有机葡萄酒问题请几位名庄主说了他们的看法。他们一致认为：酒，首先要好喝，不好喝的酒没有存在的意义。让我不禁想到那句经常被印在酒盒子上的标语："Life is too short to drink bad wine."

同样我也遇到过另外一个极端。一位很棒的酿酒师朋友花了巨大的精力酿了一款有机酒，因为口感太好，被评委怀疑动了手脚，反而遭到打压。可见人们对于有机酒有着非同寻常的情感纠葛。

近一两年随着人们对食品安全敏感度提升以及酿造技术的提高，有机酒开始进入人们的日常生活。大型超市的货架上总能找到几种，酒铺都纷纷开辟专门柜台展示，口感方面也普遍有了提升。至于价格，打个比方，要是去朋友家聚餐带一瓶有机酒，主人会说：不好意思让你破费了。如此证明，有机种植的成本高，但利润也水涨船高。

如果你问我如何挑选有机酒，我的回答是：人品好的话就大胆去尝试！因为就目前来说，能不能买到好酒，运气还是一个决定性的因素。贵的酒不一定好，便宜的酒不一定坏，随机性比普通酒要高，有时候甚至会碰到同一种酒不同批次不同味道的情况。如同谈恋爱，唯有多尝试不同的，才能找到合适的。

但可以肯定的是，从健康角度来说，有机葡萄的种植过程更加环保，酒里的添加物相对少，可以偶尔贪个杯。遇到入口舒适的酒，我也往往会买几瓶给长辈当餐酒。从专业角度来说，有机酒更加真实，能赤裸裸地告诉你土壤的气息和那年的阳光雨露；当然，要酿出一瓶好喝的有机酒对于农技师和酿酒师来说都是一项重大的挑战。

最后，我希望"有机"不是噱头，也不是需要做出牺牲的选择，而是一个大家都愿意为之努力的目标，一种普遍的生活方式。毕竟每天在餐桌上能有健康优质的食品，是每个人的愿望。

（王璐　品酒师，跨国企业高管）

小谈意大利葡萄酒的窘境

上个月刚结束的第五十届Vinitaly（意大利联合酒展）无疑将这个老牌葡萄酒大国再一次推到世人面前。有来自23个国家的4095家酒庄参展，中国也首次以制造商的身份有了自己的展台。超过15万业内人士聚集到Verona（维罗纳），其中也包括了商业巨头马云。他向意大利总理伦齐伸出的橄榄枝是雪中送炭还是锦上添花，我们目前去判断还为时过早。但另一个巨头亚马逊（Amazon）已经对意大利民众承诺能在48小时内把Vinitaly Wine Club的好酒送到他们的餐桌上。

希望这是一剂强心针，能稍稍提升意大利人民对葡萄酒渐失的兴趣。据Istat调查，意大利目前有近半数人不饮用葡萄酒，习惯饮用的只有五分之一而已。法国France Agrimer的数据也显示了同样的趋势，在1980年有超过半数的法国人将葡萄酒作为日常饮品，这个数字不断下降，2015年时只有14%的人还保留着这个习惯。

在某种程度上，这源自于人们被大众媒体误导，为了保持"健康生活"，而对酒精日渐产生恐惧；也有原因是欧洲年轻一代觉得葡萄酒"古板"，跟不上潮流，it isn't cool。

随着国内销量的日渐惨淡，两个旧世界最重要的葡萄酒酿造国都想在出口上创造更多的价值。

在过去的一年里，意大利共产出48.9 million hl 葡萄酒，（hl 为百升，是葡萄酒的常用计量单位），同比增长12%，其中20.1million hl跨出国门，创造了54亿欧元的收入（+5.4%），真是可圈可点。但如果把这个数据和法国来比较的话，我们会发现法国人用14.64million hl换来了90亿美金的销售额。无疑，法国人是葡萄酒文化的传教士，他们用几代人的时间让世界了解到葡萄酒的价值，今天全世界对红酒的崇拜正是他们世代播种的结果。而在意大利出口的葡萄酒里，不仅有近40%为散装酒，而在单价上也不及法国酒，比如近几年流行的气泡酒，Prosecco（普西哥）和Champagne（香槟酒）的单价差距在4倍以上。

与其说意大利人不及法国人会做生意，还不如说是他们对艺术的极致追求限制了意大利酒推广的可行性。

　　意大利全国有近64万公顷葡萄园，31万个酒庄，也就是说大部分酒庄都是极小的。葡萄园主要集中在丘陵地带，因为地理原因，即使在很小的一个区域里，土质和阳光也会有明显差异，而葡萄对此非常敏感。不同于法国人用数百年甄选了几种能适应各种环境的葡萄，把它们发扬光大；意大利有着得天独厚的土壤和气候优势，从而保留了很多区域性的葡萄品种。酿酒的时候，酒庄主往往不会把葡萄综合在一起，酿造一款"标配"，而会让酿酒师根据葡萄的品种和品质来酿几种不同的酒，品尝完以后，再用适当比例混合在一起。每一块葡萄地有自己的香气，每一位酿酒师也有独特的风格，结果市面上有无数种酒，每一种酒的每一年份又有不同的味道。仅仅从标签上的一幅图和几行字想作出客观的判断，成功概率和买刮刮乐差不多。外行人只要认准几个标准口味，举世闻名的大牌子；内行人不仅要行万里路，读万卷书，还要尝万种酒；最凌乱的是那些所谓的"爱好者"，简直无所适从。

　　国外的进口商自然不会以传播意大利文化为己任，向消费者解释这些细节。他们只会专注于某几个品牌的打造，从而把利益最大化。所以对于意大利酒文化的传播，以及如何将这盘散乱的珍珠串连在一起，也许只有通过利用公共资源，制订一个长远的计划才是出路，而这届Vinitaly上意大利总理伦齐的"站台"，可见国家在这方面已经有战略性的部署。

除了旧世界的老对手，新世界的后起之秀们也对葡萄酒这块市场虎视眈眈：美国虽然是世界上最大的瓶装酒进口商，但在2015年也自己酿造了22.1 million hl 葡萄酒（全球第四），而且呈上升趋势；在南美洲，虽然产量下降，但阿根廷和智利也合计产出了超过26 million hl； 南非继续保持11 million hl；大洋洲的澳大利亚12 million hl，新西兰2.4 million hl。

少了条条框框的约束，酿酒师们在新世界有更自由的发挥空间，他们不仅能在酿造方式上进行各种新尝试，而且在葡萄种植方面也有机会采用更先进的技术，从而大大降低生产成本。

在市场推广上，他们找到了全新的定位，巧妙地抓住了年轻一代消费者的喜好，推出许多口味清新独特的葡萄酒。也正因为没有了历史包袱，消费者更容易接受他们的创新。举一个例子：试验证明，旋钮的金属盖比橡木塞的密封性好，能保障葡萄酒不被氧化，特别适合用于包装那些花果香浓郁的葡萄酒，这些酒独特的芳香大多来自于葡萄本身，如果芳香因子被氧化，酒也就失去了它的价值。因此，用金属旋钮盖来包装能在降低运输和储藏成本的同时保障酒的质量。

新西兰出产的葡萄酒以芳香闻名，也广泛使用金属瓶盖，只要通过合理解释，消费者能很快接受这种包装。同样的例子，旧世界的酒必定得不到谅解。可以想象如果你点了一瓶意大利酒，侍酒师却在你面前"咔嚓咔嚓"地拧开一个金属盖子，你大概从此以后再也不会来这家餐厅。

内需的下降和国际市场的激烈竞争，将意大利葡萄酒慢慢拖入了一个窘境，如同古代一个孤独窘迫的贵族纠结于是否应该降低身份去和商人们交朋友，他也不知道除了家族的徽章之外，土豪们是否会在意他的万卷藏书。

意大利人是要继续随波逐流，还是会把这个窘境转化成一个转折点，我们都不好说。只能在等待时间验证的同时，用自己的味蕾去发现。

（王璐 品酒师，跨国企业高管）

品酒师是怎样炼成的?

自从我宣布改行当品酒师的那一刻起,我最常听到的一句话是:"小心别喝高了!" 在此谢谢大家的关心,但是我想告诉你们,喝酒与品酒是两个完全不同的概念。

喝酒,在我们脑海中的第一个画面就是和三五小伙伴,切一堆腊肠和火腿,几片陈奶酪,伴着烛光,聊海阔天空;或者在耀眼的水晶灯下,洁白的桌布衬托着一道道美食,酒杯触碰出清亮透彻的声音。

而品酒却不一样。品酒师需要化身为一把有灵魂的尺子,用眼耳鼻舌身意去衡量一款酒的特质。好比法官在审判的时候,不能因为个人喜好而左右对某人的判罚,品酒师也要尽量撇开自己的喜好,客观地对待每一款酒。

客观,不是一件容易的事情,需要接受严格训练,从而在心里打造一把尺子：从葡萄种植到各种酿造方法、品种、产区、历史文化都要学习。但基础的基础还是"感官分析"训练：如何从一款酒的色、香、味去品鉴它。这种训练往往是几个非常有经验的品酒师带领一帮学员一同品鉴。

为什么要很多人一起呢？因为每个人基因和生长环境的不同，感官程度也不一样。好比有些人对某些气味很敏感，另外一些却要很浓烈时才能闻到；有些人尝什么都是苦的，有些人只要一点点酸味就会流一堆口水。我们先要用心感受自己唇齿之间的味道，再听取别人的评价，一次一次地"校准"心里那把尺子。与其说是训练，不如将此当作发现自我的过程。

因此，"只有嗅觉味觉敏锐的人才能品酒"其实是个误区，只要秉持一颗真诚谦卑的心不断尝试，积累经验，每个有味觉和嗅觉的人都可以成为品酒师。

如果真要说优势的话，女性的起点普遍比男性高半个台阶，不仅是基因原因，也因为女人比男人花更多时间专注在梳妆台前和厨房里。有一天我看到一篇讲品酒师习惯的文章，有一条就是：什么东西都要拿到鼻子前闻一闻。和女人选香水一样，形象极了！

传说意大利酿酒之父Giacomo Tachis（贾科莫·塔奇斯）

每次决定混酿比例的时候，身边都会出现一位老太太。这位老太太是一位在酒窖里工作了几十年的元老级人物。Tachis说："酒要是有什么问题，她绝对是第一个觉察到的人！"

心里有了一把尺子之后，品酒师还要向福尔摩斯学习分析能力。每一瓶酒代表的不是它本身，而是某个时间和空间的相交结果：每瓶酒都能带我们穿越到它的产地，感受那年的阳光雨露、土壤芬芳、酒窖里的凉意以及酿酒人额前的汗水等。以上每个因素都会成为酒的一部分，而品酒师要去分析为什么，而每一个"为什么"都是不断探索的动力。

当分析成为习惯，接下去能塑造一个品酒师的就是经验和胸怀：读万卷书，行万里路，品万种酒，然后学会接受这个世界的不同，欣赏人与人之间的不同。

我遇见的优秀品酒师、侍酒师和酿酒师往往都学识渊博，淡定从容，幽默风趣，高雅谦卑。他们会用平常心去面对这个世界，同时对生活充满热情。

我希望有一天能像他们一样，在每一个酒杯里都能发现一道彩虹，从每一口香醇里找到一抹诗意。

（王璐　品酒师，跨国企业高管）

米兰的流浪者

　　一直想写一写米兰的流浪者，借此机缘正好落笔记录一下这些年来对他们的观察，很有趣很鲜活，人生会有很多剧本，而他们也许只是暂时在上演流浪者的篇章。

　　那年初到米兰，有一幕让我记忆深刻，那天阳光明媚，小草萌萌绿，暖洋洋的午后日光照进公交车里。我正穿过一小片公园绿地，一位衣衫褴褛的流浪汉正心满意足地躺在草坪上，姿势呈卧佛状，怡然自得地享受着春日的阳光。那一刻，我被他吸引，不是外貌，而是状态。怎么会有如此悠然自得的流浪汉？他的神态俨然"享受当下才是智者"，毫不在意他的处境，他的衣食住行怎么会这样，太奇怪了。难道他不应该是可怜兮兮、四处求助的样子吗？流浪者居无定所，食不果腹，这是我来到这之前的刻板印象。现在想来，自己对当时的流浪汉印象是多么的浅薄。

万物于世，皆有它自己的状态和轨迹。我就读研究生的专业是社会科学研究，包括人类学、犯罪心理学、家庭社会学、政治经济文化等，所以本身对流浪汉这一群体就有着浓厚的兴趣。随着时间和经历的积累，对他们也是稍稍有些了解和较之以往迥异的感受，他们是游离于社会正常制度模式外的一个族群，他们是最自由自在的享受主义者，他们也是社会福利或者人道主义的既得利益者……

衣、食、住、行，米兰这样的时尚之都，也许很多时候呈现的是前卫时尚、流光溢彩和奢华高贵的一种表象。实际生活中对城市一角，香水和尿骚味的混合气息也很无奈，加之走路要十分提防脚下的狗便便，还有地上随处可见的冒烟的烟头。

表象和实际总是有很大差距，就像现在的自拍与素颜……之所以提到这里，是因为流浪者这个群体有时很难辨别，且听我后面慢慢讲来。

衣和食：一般流浪者会集中在火车站或者公园等附近，到了晚上九点左右，会有"天使组织"的志愿者发放食物和饮料，比如意大利面、水、面包、果汁、水果等；他们也会发放已经消毒洗好的回收再利用衣物，市民们可以将不用的鞋子、衣服捐投进回收利用的黄色铁桶，然后会有专门的政府人员回收消毒，发放给需要者。一直觉得米兰在公益方面做的很到位，系统运作，清晰明了。此外还有一些宗教团体比如方济各教士，他们会随访这些流浪者，关心他们的生存以及精神生活。世俗与宗教团体两方面均有照顾到流浪者，反而有时我能看到流浪者们遗弃的水果和面包。还有一点需特别提到的是，米兰随处都可以看到循环流动的饮用水龙头，不管是在公园还是在闹市区，随处有可饮用水，这就方便了流浪者们，只要手里有塑料瓶都可以随时解渴。

住和行：对于流浪者，随处可住，公园长椅、火车站门口或者大厅（虽然有损市容，但米兰人民或者说意大利人民的仁慈心真的可圈可点）、闹市长廊里、教堂旁边等等，只要他们不怕冷不怕脏，随处可睡，当然里面也牵扯先来后到，新来的总是被排挤出某片区域，比如火车站，火车站人流量大，除了乞讨能有些外快，还可以找到固定位置常驻。行，除了火车需要买票，公交车上经常能闻到恶臭，便知旁边肯定有一位流浪者，他们肯定不会买票，而查票员也肯定不会查票，就这样相安无事过去了。尤其是冬天，一大早如果挤公交会发现有位一直沉睡的乘客，外表邋遢有异味，估计是冬夜寒冷，赶一大早的公交车，可以借用里面的暖气安稳睡一觉。

综上所述，作为此处的流浪者，处境没有那么糟糕，有吃有喝有地方睡，然后政府每月会有相应的救济补贴，作为他们的零花钱；这样的日子，悠然在公园躺着晒太阳，也不足为奇。除了以上物质生活，精神生活人家也不缺。

经常在图书馆学习的时候，就能看到有流浪人员在阅读室淡然看书读报，冬天有暖气夏天有空调，没有人说你不能进，而他们也是非常好学，看书读报看电影光碟，一点儿不落下；甚至有次是歌剧名伶Maria Callas（玛丽亚·卡拉斯）的纪念剧场，当我们在观众席认真听嘉宾讲述卡拉斯的时候，前面那位大叔已经打起了瞌睡，轻鼾声已响起。观察一下，原来大叔是流浪者，旁边还有他的大包。在睡梦中欣赏歌剧，让人相当佩服。

写到这里，也许你会感慨这一群体的安然度日，是由社会大环境营造和允许的。在我们人类的社会森林中，总有某些环境和角落是适合不同群体的。"存在即合理"，我于是又想起了这句话，在天主教深深影响的国度，虽然现在年轻人已经很少去教堂，但是它的影响依然默默地渗透在生活的各个方面。在社会森林中，这一群体他们的生活是怎样的，据我了解到的一些故事讲给大家听听，很有趣很鲜活，也很有启发。人，其实有很多活法，唯一不同的便是你喜欢哪一种活法。

世界顶级歌剧院SCALA前员工

众所周知，米兰的SCALA歌剧院几乎是所有歌剧演员的终极梦想；而在里面工作也可以说荣耀半生，下面故事的主人公便是一位SCALA的前员工。初识这位"绅士"时，很难想象他是流浪者：灰色羊绒西装、酒红色条绒长裤、压花复古皮鞋、头戴黑色礼帽（所以前面我提到，有时流浪者你很难辨识），直到我看到他转身去提两个大提袋，毋庸置疑，那是他的全部家当。为什么第一个故事我要提他，应该说他是我看到的最好学的一位，而且气质还挺不错的流浪者，他手里总是会握着一本书，出没于固定的图书馆。有时形象邋遢，有时气质绝佳（比如米兰时装周的时段），他不轻易跟其他流浪者交谈，孤傲自赏。从其他流浪者口中得知，他之前在SCALA工作，不知是何原因现在他过着流浪者的生活。但这位绅士依然自得其乐，不忘学习和读书，也许物质生活的降低反而让他精神生活富足了，谁也说不好。

前赛马冠军PIERO

Piero身材瘦小，背部明显凸起，如果你看过复活节的小精灵模型，你会情不自禁将他俩联系在一起，可不是吗？这位仿佛活脱脱的小精灵现实版。这样的体格使他很小的时候就被遗弃，在孤儿院长大，但命运总是峰回路转，给了他另外的出路——赛马。由于身轻如燕，在马背上几乎也没什么特别的分量，于是他被训练成专业赛手，多次在重大赛马比赛中拔得头筹，很是骄傲，风光无限，世界很多赛马或者赌马的地方他都去过，比如香港。于是，他可以头头是道地跟我讲孔子、讲儒家，他的学识跟头脑足以弥补身材的缺陷。可是到了晚年风光不再的时候，没有好好打理自己年轻时挣下的资本，于是成为流浪一族的成员。有一天，他兴致勃勃地梳洗打扮好，然后手里握着一瓶包了又包的红酒，很神秘地跟我说，这是瓶年份很久的红酒，可以说是珍品。嗯，那你要去跟谁分享呢？答曰"GIORGIO AMARNI（乔治·阿玛尼）"，我怀疑自己听错，又确认性地追问了一句，那位时尚大师？——"对，就是他，今晚我们有晚宴，单独哦，

我跟他""哦，是嘛，不错啊。祝你有美好的一晚。"忘记
第二天他是什么样的状态了，只依稀记得他断断续续跟我讲
他跟时尚大师谈的什么内容，关于烦恼，关于人生，关于老
年。嗯，想来他俩也许颇有共同话题。在弱肉强食的流浪一
族里，他能站稳脚跟，也堪称奇迹。也许这位前冠军赢得比
赛，不仅仅靠技能，还有他的头脑，于是他成为这个小群体
里面的军师。他总是追随在身材魁梧、体型彪悍的硬汉旁
边，给无脑的混混出谋划策。嗯，这也是一种生态，社会森
林中的另一种生态。

（晓恩　自由职业）

意大利的故事

　　每天在意语和汉语，意餐和中餐之间游离徘徊不定。

　　日复一日，总感觉找不到自己身份的定位。不知自己到底是中国人，还是意大利人。我想这是大多移民华侨的人生问题，犹如莎士比亚的 "To be or not to be" "是又或者不是" "This is a question" 这是一个 I will said big question of our life.

　　远离祖国的土地，来到千里之外、异国他乡的我们，总是容易迷失方向，迷失自己，迷失身份，看着脚下的人生轨迹，似乎找不到明确的前后由来。

我的故事吗?

It′s very easy to say

let me use a little bit of 意式中文来诉说

当初，随着家人来这偌大的欧洲寻找安定的生活，并移民最后选择到意大利定居。

当时的我就如同一只懵懂的小白兔，四岁时我来到了这个新环境，因为语言的障碍，每天在幼儿园我都躲在自己的小角落，与同学之间的交流都是哭闹声。

到了小学的时候，慢慢开始与同学打成一片，不管是同胞中国人，还是意大利同学，抑或是来自非洲、东南亚、法国同学。甚至成为我们小城市里的华侨孩子帮的老大，组织各种户外活动，比如小时候喜欢的捉迷藏啊，河边玩耍啊，偶尔还会来一局麻将或者斗地主。还别说，我奶奶的麻将都是我教出来的。

问我怎么学起来的？

除了看老妈偶尔打，基本都是自娱自乐学起来的。

还记得在夏天，我们住在上北方，非常清凉通风，我们家族三姐妹，我姐姐和我妹妹拉上奶奶，四人组起麻将桌，虽没赌钱，但是依然很激动，掺杂着"碰""吃""胡"，一下午的时光都是狂笑声。真的好怀念，那些单纯的、发自内心的、无谓结果的笑。

这或许就是我们最融洽的培养感情的方式吧。

在异国他乡亲情真的很重要，在我们落寞的时候他们就会成为我们的精神支柱，我很难想象如果没有他们我会如何度过内心的孤独。

真幸运有这个大家族的陪伴

相对中国来说，在意大利的生活真的很安逸，很轻松。

每个周末都不上课，课余作业也相对较少，所以都有很多时间发展个人的兴趣爱好，不用每天被盯功课进度、上各种补习班，可能也是由于父母都太忙了，意大利起初也没提供什么课程。

总体来说我的童年真的很快乐，充满了阳光笑声。

一切恍如昨日，我们在那太阳明媚的午后，在美丽清澈的河流旁，嬉水玩闹，大声肆意地笑。

但是从某一刻开始，生活好像有了一些微妙的变化。

升了高中之后，我从一个无忧无虑、活泼阳光开朗的小女孩变成一个心思沉重、青涩内敛，对生活充满疑虑的女孩。

当看到一些特别戳中我笑点的玩笑的时候，我会分享给我的同学，多数为意大利人，但是他们总是怪怪地看着我，get不到我的点，甚至会认为我是一个很奇怪的人……

我总是说一些他们认为难以理解的事情。比如那时候特别迷恋韩国男明星，看他们卖萌撒娇，特别好笑，反而同学觉得好傻……

那时特别沮丧伤心，被这样误解。于是我变得沉默寡言，一言不发，都快成透明人了。

可人毕竟是社交动物，我最终决定从深度去了解他们背后的文化、习俗、历史以及平日的生活。因为所有的举动背后都关联着巨大的缘由，需要我们用时间去发掘、聆听。

于是我踏上了学习中意文化交流学专业的旅途，虽然专业听起来范围宏阔，但两国的文化交流与沟通却是长久而持续的。

（黄晓玲　比可卡大学在校学生）

PART 4

不同身份的人，从他的角度对你谈意大利

　　这一章节中，我选了几位比较有代表性的旅意人士，比如新华社驻米兰记者站的记者宋健老师，他在意大利驻扎多年，采访了大量意大利人，会给大家一些惊喜；意大利旅游局的陈阳，她在旅游方面会给我们一些中肯的意见；还有意大利中心的 Alex，等等。我相信各行各业人士会给我们一些不同的意见，也希望未来更多的人加入进来。意大利人是非常友好、好客和富有人情味的，意大利人将与人交往看作社会生活的重要组成部分，这正体现了自文艺复兴以来人们出于对城市生活的维护和肯定，以及反对教条的宗教禁欲生活的人文立场。

一位打工者的人生轨迹

　　我曾经是一名戏曲演员，在戏曲界一晃就是4年，后来我放弃了，因为我发现，自己除了演戏就是演戏，不能胜任任何别的工作，因为我什么都不会只会演戏！

　　后来我的母亲前往意大利工作，她认为我必须学一些手艺，以后到意大利才能有一番作为。为此我结束戏曲生涯，在家人的推荐下学习了一年的平面设计，结果发现我并不适合……

　　回到家乡后我开始思考人生，我是个平庸的人，在自我挣扎了一个月后，被家人推荐到了美发店，我开始决定丢下所有的自以为是从头开始！这时意大利的签证申请已经审批通过，母亲也已经为我准备好了两个月后前往意大利的机票，所以我的努力坚持只存活了短短的两个月。不过出乎意料的是，美发师父说我是他见过的学习能力最强的学生，能在两个月的时间学习到其他人一两年才能学完的技术，在中国开一家小理发店是没有问题的。

2015年10月24号，我在飞机上度过了漫长的12个小时来到了意大利米兰。突然来到了一个不仅仅只是陌生的城市，我的迷茫再次浮现，这会是我新的起跑线吗，还是终点？人生总是变幻莫测，还没来得及好好道别就已经来到了意大利，我又该何去何从……

当天晚上母亲为我准备了一桌好菜，为了庆祝我来到意大利，我的哥哥提早下班回家（我姨妈的儿子从我母亲来到意大利后也选择了过来留学），吃完晚饭后已经是意大利时间晚上8点多了，我感到无比困倦，仿佛已经进入了熬夜状态。意大利与中国时差7个小时，也就是说中国现在的时间是凌晨3点多，母亲也知道我刚来意大利时差调整不过来，所以早早帮我准备好了床铺。我一头栽在枕头上便像死猪一样睡着了。

早晨5点多我便自然醒了，并且再也睡不着，可能是有点水土不服，或者是因为有暖气太干燥（意大利的冬天会比较冷，像中国北方家里会有取暖器）。吃完早餐，母亲告诉我意大利世博会就在米兰，说着就带我来到了意大利的世博现场。世博会上最吸引我的就是西方特有的古建筑，于是在母亲的带领下我们来到了米兰大教堂。一眼望去，这宏伟的大教堂在阳光的照射下金光闪闪，天边飞舞的鸽子仿佛就像教堂里刻画的天使。

　　回家的路上我们坐错了车，母亲一路问路（讲的是意大利语，虽然她意大利语不是很好），好在意大利人都非常友善，乐意助人，甚至会送你上车并带你到熟悉的地方。在热情的帮助下，我们终于回到了熟悉的路线。一路上母亲一直在灌输我意大利语的重要性，此时的我也是迫切想要快速地学习意大利语，以便融入新的环境。他们都说意大利语是最容易学习的语言，因为单词的拼音与汉语非常相似，以至于我以为掌握意大利语只是时间问题，结果在怠懒的学习下，过了一年我也还是无法与人交流（第二年也没有取得很明显的进步）。

　　来到意大利最重要的当然是按手印拿居留，这样你才会成为真正的意大利移民。我只记得预约按手印等了两个月时间，好不容易等到了这一天，结果被无情地关在门外等待，又等了两小时才进入大厅，看着里面长长的队伍我不禁打了个寒战，于是又是漫长的两小时过后我终于完成了按手印。这之后，我去中文学校学习了一个学期的意大利语，便开始找工作了，并误打误撞地在这所我学习意大利语的中文学校担任起了舞龙教练（兼职）（以前戏曲团里也有舞龙）。

在意大利，中国文化是非常少见的，会一些中国文化表演类的华人也是屈指可数。在这段担任教练的日子里我认识了一些朋友，虽然都是我的学生，但除此之外我没有任何朋友了。我开始向往着这样的生活，身边有同伴，家中有亲人。

兼职毕竟是兼职，转眼只剩下三个月居留的期限（在意大利最重要的就是居留，没有居留就是黑户，就好比是国内的户口本），必须要找个工作签工（签工是指在工作时有多少工资就要缴纳多少的税）才能转换居留继续待在意大利（居留证件是根据你工作收入多少，做了多长时间来换算你居留时间的长短），于是我在母亲的帮助下，又回到了曾经学过两个月的老本行——美发店。在这里，我工作了三个月，也就洗了三个月的头。

这段时间发生了一件愉快的插曲，我家多了一名新成员，松狮犬——kuchi。而新成员的出现，也让我有机会经历了新的体验。

　　记得有一次我与母亲和kuchi坐在公交车上，突然来了个检票员要求检票，我与母亲配合检查车票后检票员居然要我拿出kuchi的车票（意大利法律规定宠物可以上公交车），我母亲便与他解释，结果解释半天检票员说我家的狗太大了，要占一个位子，说着要我们拿出证件开罚款单，还说要是不配合就把我们拉去警察局（我听不懂他们在讲什么，母亲当起了临时翻译，她也是半懂不懂，所以意大利语是非常重要的）。我当时就气坏了，我和母亲说就让他们带我们去警局！我母亲听到说要去警局什么的，加上语言交流还有点问题，便说多一事不如少一事，因为我刚来意大利不久，她不想在我的白纸上画一道黑，于是便交了30欧元的罚款。回去的路上我越想越气愤，不知道是因为意大利的法律就是如此严格，还是那几个人的刁难……

　　签工三个月后我得到了为期半年的居留期限，而在我还没来得及反应时，我母亲便帮我买下一家理发店，让我轻松地当上小老板，我哥哥也来理发店帮助我，于是美好的外乡生活毫无预兆地便开始了……

　　当时开店是在七月份，而对于意大利的商店来说，在七八月份的这段时间开张真的是最愚蠢的行为，因为意大利从七月份开始各个企业陆续放暑假，而这里的暑假是真正意义上的解放，基本是在八月份整个意大利的所有企业都要放假。意大利人热爱旅游，当你八月份走在米兰市区里，整条街还开着门的店屈指可数，真的一点儿不夸张。当然开门的百分之九十是华人，因为华人很少有放假，所以这个时候买不到东西不要惊慌，唐人街的大门永远为你敞开！

我以为我可以做好美发行业，可是一切只是我以为。我在国内学过的洗、剪、吹，与意大利相差太多（例如吹发型，国内吹大波浪都是向内吹，而意大利是向外吹），就好比两国的语言，汉语在意大利是根本无法交流的。我欠缺的东西太多，甚至没有我哥哥在，我根本无法与客人沟通。而我哥哥是某某学社的副社长，经常需要参加一些大小活动，而我也会时不时去参加演出，所以美发店经常会关门，加上自己美发技术有限，店里的生意便一天不如一天。

也好在这段日子里因为各种大小活动我认识了许多新的朋友，也彻彻底底地让我明白，人在没有能力前不要想着天上掉馅饼。就这样，美发店在开业半年后宣布关门大吉，半年的时间恰好是我的居留期限。所幸由于这半年我是老板，经历了漫长的等待，我换取了一年的居留期限。重点在于我只有一年的期限，结果在办理等待的过程中消耗了半年的时间，真是让人痛不欲生啊！

在我换取居留后，即将迎来2017年，我哥哥他们学社里主办了首届意大利春节晚会，他担任了副导演，为了给春晚提供节目，我也荣幸地成为其中一员。于是我便叫上了几位朋友，一起策划了一个哑剧小品。我们经过了刻苦的排练，进入了海选（虽然是我哥哥他们学社主办的，但是没有质量的表演是不会选的），小品还经过了总导演的细心改编，终于迎来了春晚开幕，这是意大利有史以来第一个属于真正意义上的华人春节晚会。总导演为了让春晚增添喜庆与欢乐，特意邀请了一些意大利知名歌手与乐团，还邀请了中国知名歌手张楚。就这样意大利首届春节晚会圆满结束，我也因此不再孤单！

因为春晚，我认识了我现在的Boss，正式成为了一名旅游公司的小职员，而我的母亲正好看上了一家新的美发店，并准备将它买下。但这次，我坚定地认为，人生除了要充满挑战，还要一步一个脚印，让自己变得强大、优秀和美好，于是我拒绝了母亲的美意，打算开始新的生活，真正地从头再来！今年我的目标只有一个，在努力成长的颠簸之中磨去幼稚的尖牙！

人生总是变幻莫测，你永远不会知道下一秒你会得到或失去什么！

（徐国栋　打工者，森森意大利语学校学生）

我与中国文化的缘分

我与中国文化第一次接触是2002年我去香港旅游的时候，后来隔了两年的时间，我才决定专门学习中国文化和语言。此后，我多次来过中国旅游、学习、工作。

我在米兰国立大学学习时，认识了很多中国留学生，并专门为他们当过辅导老师。我们意大利人与中国人之间的共同点不少，不但都是来自拥有悠久历史与丰厚文化的国家，也比较注重家人团聚及朋友聚会，到国外时也有这个习惯。根据我曾当过中国留学生的辅导老师的经验，我认为同学之间的相互帮助非常重要，但是融入异国的环境也一样重要。尤其是来意大利留学，第一个要过的就是语言关。虽然我觉得我的母语是非常美的，但是我也觉得是非常复杂的，无论在意大利学习什么专业，把握语言是必需的，而且需要多与当地的人和环境接触，融入当地的社会。

意大利的教育体系与其他国家的教育体系有所不同，尤其是在大学学习，学生的努力和坚持是关键，老师一般除了讲课的内容，只给学生一个研究的方向，剩下的业务都是由学生来完成。这种方式使得学生发展自己的思考能力，也给予学生自己发挥的空间。

要是问，在意大利学什么专业比较好，那我就认为艺术、设计、音乐等学科是最有代表性的，但是这并不意味着只有来意大利学这些专业才是划算的。意大利历史上的著名人物不仅仅有画家、雕塑家、建筑师、作曲家，还有工程师、物理学家、医学家等。如果想在国外学习工程学、经济学、医学等，我还是非常建议去意大利学习的。

目前意大利是拥有联合国教科文组织认证的世界遗产最多的国家，从古罗马时代到当代，意大利半岛所经过的每个时代都留下了很多历史遗址，经过妥善地保留和维修，我们现在还可以欣赏。对我来说，去意大利旅游也算是一种学习方式，即学习欧洲历史与文化的来源，因为虽然从罗马帝国解散到意大利王国建立时，意大利半岛一直分散为几个王国与共和国，并多次被其他国家侵略过，但是它的各方面文化都影响到欧洲的其他地方。

去意大利旅游的话，一个星期的时间差不多也可以参观完最主要的城市，比如罗马、佛罗伦萨、威尼斯等，但是如果想多了解意大利的话，我就特别建议旅游的时间要长一点、多去几次，因为值得参观的地方比我们能想到的还多，从大城市到小镇都有当地的故事、当地的特点。

（Alessandro Basile　来自意大利，"意大利中心"发展事务处的负责人）

我的"意大利之最"

　　旅居意大利数年，蓦然回首，似乎不过唇指间一根烟的工夫，时光便白雾般飘散了，只留下一嘴的烟气，淡而苦的味道。它还会一直慢慢地淡下去，直到成为别人手上一根新燃的烟。

　　既然是抽烟，便总归有住一下口的当儿，嚼块口香糖，唇间含颗瓜子，都禁不住惹人回味。回想那前番味道，心下遂生思忖：烟可是好烟？什么牌子？产地？暴烈或柔和便常常了然于胸，如果你当真称得上一个地道烟民的话。

　　若嫌香烟之喻稍显笼统，我们也不妨像动手包扎一份精美的礼物那样，把意大利"五花大绑"地寄给远方的朋友，有时候，单凭着那印花的纸张、绳束、精美的邮票，另一种文字的邮戳，对方也可大抵嗅出那异域的气息，猜出那另一个天地的蛛丝马迹来。

而我的"意大利之最"，就是那包装用的胶条、纸张、爬虫般的意文书写和惹人遐想的包内之物。

最曼妙的语言

第一次接触意大利语，属出国前两月的临时抱佛脚。

我的研究室主任，地道的意大利博士，加之又是我的出国推荐人，因此强令我每周到他那里鹦鹉学舌两次。

那时候，意大利语于我尚属雾里看花。语法虽有德语的底子，毕竟拉丁、日耳曼二系门派森严，水火不容，断难望文生义；大舌音吭哧半天，舌根发硬，口水连连，也不过如旱鸭子凫水，稍纵即逝。直到折磨得"花非花，雾非雾"，而我仍是一头雾水。

不过，意大利语的曼妙悦耳，到底还是令我过耳难忘。尤其是一杯Espresso（手工炮制之蒸馏咖啡）下肚，我的主任便双目深锁，唇间喃喃作声："Che buono（爽啊）！"一副微醺的样子。

意大利语多以a、o、i、e等元音结尾，读起来珠圆玉润，轻盈跳脱，满齿生辉，不像德、日、韩等辅音具有绝对统治权的语种，发音犹如铁锹在水泥地上强力抽拉一般，客气点说，是"呕哑嘲哳难为听"，不客气点说，活脱脱一"听觉屠夫"。

意大利语好听，意大利女子口中的意大利语更是饱含磁（雌）性，飞沙走石，摧枯拉朽，闻者无不耳根酥软，束手就擒。

意大利民族积千百年之混血传统，人种体貌已臻赏心悦目之境地，天下俊男美女之泛滥成灾，可谓于斯为盛。大街上即便着工装裤的电工，也常常英俊洒脱，棱角分明，赛过贝克汉姆三分。这里单表意大利女子。意大利女子热情貌美，力必多分泌过剩；烟瘾大，抽起来不让须眉。

听意大利女人说话，有三绝可听：

一曰沙哑，沙哑源于香烟长年累月之侵蚀，风尘之味弥张，属残缺之美；

二曰热烈，意大利女子擅长夸张，最典型的镜头常为当街邂逅，初视时，双方目瞪口呆，继而便有爆炸似的惊呼自女子一方发出"C－i－a－o（你好）！"，语气强烈持久，如大难不死，劫后重逢；又如情天恨海，此生弥弥。

三曰哀伤，哀伤之音多见于问句，如"为什么（Perché）？""怎么（Come）？"，为情侣间呢喃私语所必备，是质问，更是撒娇，有以弱胜强、以柔克刚之奇效。

最感慨良多的"搬家记"

吉普赛人在意大利源远流长，分布广，人数多，职业却比较单一，大体上非偷即讨。

在米兰，每次出入地铁，都会不厌其烦地听到同一种台词的乞讨声，大意是无钱无家，孩子众多，忍饥挨饿，求各位发发慈悲，赏俩小钱吧。照例此等场景司空见惯，应该见怪不怪才对，可我闻此陈词滥调，却常能善心大动，忍不住捐个三毛两毛的。

事后想来，此等善举多有同病相怜的成分。一个人，大凡在一个地方举目无亲，为租房殚精竭虑，饱尝颠沛流离之苦，就难免不在这样的台词面前偶尔偷洒两滴鳄鱼的眼泪。

米兰乃意大利富庶之都，经济上素执牛耳。近年来经济式微，移民人满为患，不免流露出窘迫之相。生活水准固然下降了，消费却依然居高不下，这当中最要命的，便是高昂的房租。

有时候，为了找一个稍微理想的居所，你不得不数易其主，如孟母搬家；要不就沦落为负心房东的过眼烟云，终不免被扫地出门。

第一次找房子，400欧元7平米，几乎耗去奖学金的一半。屋徒四壁，共用的家具也多属风烛残年。那时我的烹饪手艺还仅限于加工费较高的意大利餐，仅吃住两项，就搞得每月的奖学金大势已去。一个月后，我三十六计走为上。

第二次，我降低标准，房租也如影随形。精明的房东（温州人）为省水省电，挪走了洗衣机。天寒地冻，可怜我还得手动洗衣，双手红肿如卤煮，只有呵气自暖。整栋房子毗邻街道，残破老旧，最要命的是隔音极差，打嗝放屁稍有响动，便会有楼下的土著"愤青"上来叫阵，吓唬同居一室、结结巴巴说不好意大利语的偷渡客。

"识时务者为俊杰"，惹不起还躲不起吗？

落荒而逃后还是落在了"温州人"的掌心里，毕竟中国房东不挑客，价格又便宜。房东热情、木讷，在意大利餐厅做工，早出晚归。家里老婆主事，快人快语，只是身体不大利落，椎间盘突出，估计八成积劳成疾，典型的华侨病。膝下二女一男，男孩Marco最幼，除了结结巴巴的意大利语，就是满嘴佶屈聱牙的文成方言。年仅3岁，个性已初露峥嵘，偏执霸道，整日聒噪不休，哭声此起彼伏，搞得四邻只好坚壁清野。倒是小女儿Cristina，羞涩恬美，楚楚动人，可惜不招待见，被生母恶言恶语惯了，落得个内向自闭的性格，学校老师不敢怠慢，好劝歹劝，终于定期去看了心理医生。

学习最苛求环境，被Marco吵久了，脑子开始发木，偏头疼纠缠不休，夜夜来访。一把改锥，从头顶直直刺入，复旋转而下，步步紧逼。

终于有要好的哥们包租了一栋三室一厅的近郊小屋，邀我同住，我正如坐针毡，乐得顺水推舟。小屋清静，可惜不断有孤寂如我者逃荒般加盟，鼎盛时竟达7人之多。人多有利有弊，好的一面，富人情味，犹如宗教团契，三日一小聚，五日一大聚，竟似在国内一般。弊的一面，洗澡、做饭如走马灯一般轮转不休，不胜其累，且人心浮躁，眼看有学业荒疏之嫌。

偶尔的机会，一个女孩子如蝴蝶般闯入了我荒芜的百草园，我鬼使神差，心旌摇荡，结伴飞出了众人的视野。

新房东夫妻二人带一小孩，自居一室，另匀一室给我和女友。大家热情不够，客套有余，相安无事。最大的不便仍是不能上网，这次不仅不能，而且是彻底没戏，原因是房东自己有网吧，所以不会再花一大笔钱装网线，当冤大头。那时我常给国内写稿，人拖沓，不到最后一刻誓不交稿，常常是夜里三点草就，七点又搭房东的便车到网吧发稿，紧张忙乱，苦不堪言。

而最后一次回意大利，不知道哪里又会是自己的栖身之所，一个便宜、安静、能上网的地方？或许不免是一个梦吧，这世界上，也只有梦是尽善尽美的。

最魂牵梦绕的音乐

作为一位长眠在音乐"奥林匹亚之巅"的意大利当代民谣诗人，Fabrizio De Andrè（德·安德烈）宛如一枚顽固的癌症细胞，一年来不分晨昏、不分场合，屡屡汹涌地将我从内部拖垮，无论此前我曾经"胡吃海塞"过多少音乐史上的经典，也无论我的耳朵自诩如何"饱经沧桑"。梦游在德·安德烈的音乐中，你会不自觉地成为他音乐之树上的一片叶子，听它摆布，为它心醉，随它起伏波动，依从着同一颗心脏的跳动。

爱默生说：在"普遍心灵"（Universal Mind）的作用下，每个人都是一个小小的海湾，引到同一个海，和它的一切。德·安德烈的音乐，便是"普遍心灵"慷慨投射的影子，它有植物的静美，有凌云的高度与远景，有冬日之海的广袤和沉郁，同时也有轻灵与细致的完整。

德·安德烈1940年出生于海滨城市热那亚，那是一个贡献过冒险家哥伦布和"鬼才"帕格尼尼的城市，更是大诗人蒙塔莱的故乡。而在Via De Nicolay（尼克理大街），"缅怀先圣"的粉丝们在德·安德烈出生的地方，为他奉上一家音像店，那里只出售他的音乐，不折旧，永远保值。

德·安德烈的演唱风格酷似一位游吟诗人，声音沉静从容，始终在同一个8度内盘旋往复，没有声嘶力竭的呐喊和粉碎乐器等暴力噱头，唯一的变化，是他喜欢在激情高涨的时候，驱策舌头高速奔跑，而在哀伤自语之时，则低沉缓慢犹如梦呓。

德·安德烈对音乐之为"声音"本质的痴迷，体现在对乐器的充分调度上，其实验的雄心，使人想起"融合乐"在极盛时期的那种忘情的繁衍：除了民谣吉他、架子鼓、键盘之类的常规兵器，还别出心裁地融入了手拉小提琴、电子小提琴、柳特琴、西班牙古琴、萨克斯、长笛、竹笛、手鼓、南美埙以及女子人声背景等奇门兵器。

德·安德烈一生短暂，创作量却极为惊人，从1967年的第一章专辑《亲爱的》到2000年最后一张《火车八点钟离开》，前后共计39张专辑之多。值得惊讶的是，如此庞大的创作数量，却几乎没有暴露出质量上的良莠不齐，从一开始，德·安德烈便在一个高原上独步，卓尔不群，俯瞰着广阔的大地。

1999年1月11日凌晨2点半，德·安德烈匆匆熄灭了燃烧59载的生命，那一刻，适逢星期日和星期一的交合处，像一切运动的命运一样，一个时代结束了，而另一个时代，以它不可知的面容，似乎正慢慢到来。

德·安德烈音乐中的启示性，不免使人想起"大门"的主唱Jim Morrison（莫瑞森）。莫瑞森作为"当代美国的奥秘、图腾和戒律"，曾经深深地影响了美国一代青年的梦想和取向，德·安德烈却不幸是个例外，在轻浮狂放的地中海之畔，他毕竟显得过于沉重和黏稠了，然而他却像血液一般，使意大利文化的精神之脉拓展得更深、更持久。

（刘国鹏　中国社科院宗教研究所研究员）

留下的，都在心底

2013年2月的一个下午，我和几个同学穿行在帕维亚的老城中心，寻找着新学期选修课的教室。经过教堂的时候，听见刻意吹得断断续续若有似无犹如舞步轻佻的萨克斯，乐声在宁静的街巷中激起柔软回声，混成一片，那么寂寞又宁和。

那个时候，我们已经在帕维亚待了半年。大学第三年，作为交换生，进入帕维亚大学的文哲学院，选修了诸如社会语言学、应用语言学、英意文学翻译、中世纪艺术史、电影史等复杂多样的课程。我们复印厚厚的教材，和意大利学生以及一些欧洲其他国家的留学生一起，奔波在古朴的阶梯教室或者小型的多媒体教室之间，听风格各异的意大利老师讲课。

不得不说，帕大的教学还是比较严格的，有的学校会对留学生高抬贵手轻易放行，而在帕维亚，我们多数时候都得硬着头皮坐在老师面前口试。那一学年快结束的时候参加翻译课考试，老师对我们几个外国学生的要求自然会放宽一些，除了考前做了一小段英翻意的笔头练习交给他当场评价之外，他只问一两个理论问题，而且也不用回答特别详尽。有同学常开玩笑："口试不会答的话，就装可怜嘛，挤两滴眼泪，反正我们都是交换生，老师不会为难的。"每次听到这玩笑，我都笑而不语，但心里隐隐地模拟着那种窘迫，并为之忐忑。而考试当天，我真切地旁观到了这种难堪。

有一个西班牙姑娘，翻译练习篇幅挺长，老师阅后给她指点了几下，说她做得不错。接着就到了理论问答部分，老师问关于弗洛伊德的内容，她说不记得了；老师就让她随便挑一个她感兴趣的教材提及的作家，她便说塞万提斯，可是关于他的理论她什么也说不上来；老师又问她另一本书选读了哪个章节，她说第三章，老师便挑了其中一点提问，她还是说自己不记得。

"书里的内容你都看了吗？"

"看了，但是我就是（紧张得）忘了。"

"可这样的话，你的考试只完成了一半的内容，只有翻译练习那部分。你这个作业做得很好，但是这场考试我不能给分。9月份还有一次考试，你那个时候再来应该没问题吧？"我有些愕然地望着西班牙姑娘的后背，她局促地摆弄着凌乱的卷发。从这个角度我能看到她的耳朵，但看不见她的表情。

"别哭，别哭，很少会有女学生在我这儿哭的。"老师没有生气，语气仍然很温和。

我终于看到她的侧脸，她低下头抹泪，脸上的线条微微抽搐。她走之后，最后一个意大利姑娘就去考试了。我还没有从他人的困窘中缓过神来，表情大概有些呆滞，意大利姑娘朝我笑了笑，做了个鬼脸。

那时候，即使有些课程枯燥至极，我们也尽力通过考试，拿到学分。如果你现在问我费希曼和海姆斯的社会语言学主要观点或者法国印象派电影的代表人物和作品，我会很坦诚地说我不记得了。这当然不是说修习过的那些课程全都已烟消云散，确实很多在书本和课堂上接触的知识，因为缺乏实际应用而淡忘，但还有一些东西，在脱离了条框之后留在了心底，成了以后学习或处事的根基；就如同你读过的书，不可能熟记字字句句，但都成了你的一部分。在意大利的那一学年，于我而言，更重要的就是那些经历给我带来的内心变化。

比如耐心应对烦琐的入学手续、选课流程，甚至是钱包被偷之后补办居留证；比如和不同国家的学生一起研究拗口又深奥的文献，完成老师安排的课堂讲演；比如住在意大利老夫妇家里，和夫妇俩、他们偶尔来拜访的子女以及后来去世的一只老黑猫和谐相处。有尴尬有欢笑也有感伤，至少在体验过各种酸甜苦辣之后，痛苦不再那么难熬，而美好则更加甘醇。

在意大利的那一年，我在帕维亚生活，也在周边城市和国家游历，遇到很多人和事。我记得在小路上闲逛，两旁的建筑使得空间略显逼仄。头顶时不时有群鸟飞过，清晰地听见它们振翅发出的声响。我记得在路边看到的侍应生，一身黑衣，腰上围着黑色围裙，单手托着咖啡盘快步行走，身材修长，姿态优雅。我记得帕大举办的一场纪念披头士的音乐会，坐在场内的很多都是略显安静严肃的中老年人，而几十年前他们跟我们一样年轻和热烈。意大利人是那么热爱音乐。我记得第一次看米兰大教堂的时候，我和同学从地铁站楼梯往上走，还没上到平地，倏然间就望见了广场尽头的米兰大教堂，那种毫无预料便被磅礴之美震撼的感觉，很是难得。我记得威尼斯的贡多拉船夫对我们说："你们感受到威尼斯的宁静了吗？只有在这里，你们才有这样的感觉，别的地方都找不到。威尼斯人是自由的，悠闲的。他们从来不会匆匆忙忙看着手表说：'啊几点了'。你们抬头看，那些房子外面晾出来的床单和衣服，这就是生活。你们要把威尼斯记住，记在相机里，还要记在心里。"

如今我把这些零碎经历用文字保存，即使平时会忘却，只要再次翻看，鲜活的记忆就会像鱼群跃然于海面般汹涌而来。

年前长晓说他在编写一本关于意大利学习生活的书，也希望我能分享一下自己的经历。我作为意大利国家旅游局的一员，致力于意大利文化的传播，但若要我在这里讲意大利的旅游文化，我不知从何谈起，也深知说不完。所以，我把我的这片海鞠一捧水给你们，也许你和我有相同的感受，也许现在还没有，也许以后会有。

（陈阳　意大利国家旅游局工作人员）

"工匠精神"成就"意大利制造"之美

意大利的设计闻名遐迩，往往能开世界之先河。每年4月份的米兰设计周更是令世界各地的设计创意人才竞相前来朝拜。记者曾采访米兰市主管文化的副市长，请教意大利人设计出众的秘诀是什么，他回答说："受历史传统影响，意大利的设计者就如同手工艺人，人人追求精益求精。"

这位副市长的简要回答，记者当时并未完全领悟，但"手工艺人"这个词汇却深深地留在印象当中，经过其后一段时间对周围意大利人生活、产品的反复品味，对这一问题的认识才逐渐清晰。今年中国政府工作报告中着重提出，鼓励企业开展个性化定制、柔性化生产，培育精益求精的工匠精神，增品种、提品质、创品牌。这里提倡的"工匠精神"正是米兰那位副市长所言"手工艺人"的要义所在。

葡萄酒也需要设计

如今在欧洲生活，人们身边的日用品有相当大的比例都是"中国制造"，其中大致可以分为两大类，即中国自主生产的一些廉价物不差的中低档商品，以及由欧洲厂商设计定制、中国生产加工的各类中高档商品。但是高端消费市场的产品中欧洲本土制造的比例具有绝对优势。这种现实正反映出中国制造业的短板：无论设计水平，还是制作质量，和欧洲制造业相比，仍存在不小的差距。

以对葡萄酒这一产品的认识、设计、生产等为例，可以领略具有"工匠精神"的意大利人精益求精的追求。第50届意大利国际葡萄酒展4月中旬落幕，在采访意大利一级酒庄委员会创始成员之一、拥有800多年家族经营史的布洛里奥城堡酒庄董事长弗朗切斯科·里卡索利时，他对葡萄酒文化的理解以及对生产工艺流程的认知把握令人叹服。

里卡索利说，中国的葡萄酒生产质量这些年来提高很快。从技术工艺流程上来说，学习制作葡萄酒并不难，但葡萄酒不仅是一种饮品，更是一种文化。这对于中国的制造厂家来说还需要相当长的时间来认知，比如通过哪些产品元素来体现地域特色。在葡萄酒文化中，产品代表一个地方的特色，它不是简单地种植西红柿、制作蜂蜜等农业生产活动。

里卡索利解释说，生产制作葡萄酒绝不仅仅是简单的技术问题，还要看大自然是如何馈赠当地人的。意大利酿酒的葡萄都在露天种植，而不是在温室大棚里，种植的过程需要非常用心，因为外界多种因素的变化会让葡萄的质量产生非常大的改变，如气候大环境的因素、微观环境的因素、土地的类型、阳光朝向等。

意大利著名酒业记者达涅内·切尔尼利分析指出，高端葡萄酒对于农业领域来说是个收益非常高的产业，其产量占总体的10%，但销售额却可以占到全部的40%左右。高端葡萄酒就像时装行业一样，产品要有特点、设计个性化，甚至针对某一种活动专门设计一种特殊口味的葡萄酒。可以说，无论是时装设计师还是酿酒师，他们都意识到要为取悦公众而工作，而不是简单地生产一种生活必需品。

意大利纺织面料全球闻名，成功因素之一在于制作者对产品质量分毫必较，不放过一丁点儿的瑕疵。这种对产品质量无穷尽的追求，正是工匠精神最基本的内涵。

记者在意大利国宝级毛纺品牌、顶级毛料和奢侈品成衣制造商诺悠翩雅的质检车间看到，工人把成品面料放在光源检查板上一寸寸移动，能在连专业面料采购人员都完全看不出瑕疵的地方迅速发现隐藏的疵点，并瞬间修补完毕。

企业提供的工艺介绍材料中说，一些毛纤维很细，织得紧密时出现轻微断线、打结等瑕疵很难察觉，但如果不及时处理，瑕疵最终多多少少会体现在成品上，影响外观。而发现瑕疵的能力要靠学徒期间练就的火眼金睛，归功于老师傅的教授。

用诺悠翩雅品牌创始人之一皮埃尔·路易吉·洛罗·皮亚纳的话说："坚持保证产品品质是这个传承六代企业的'DNA'，也是意大利制造的精髓。"

皮埃尔·路易吉说，要真正提高质量，除了采取最先进、最适合自身产品特点的技术设备外，对每个环节的质量控制尤为关键。相比大多数以量取胜的毛纺企业，诺悠翩雅对原料纯净度的控制和工艺控制的要求更高、控制系统更为复杂，虽然这样做成本又高又费时间。

高质量必然对工人的生产、加工技能提出了更高要求。曾为一家中国企业做质量总监的意大利人朱莉安娜举例向记者介绍说，缝合西服胸口垫片时有两条10厘米长的缝线要求必须平行且间隔为1厘米，但在她担任质量总监的那家中国企业里，许多年轻工人却做不好这个活儿。他们的缝线很难做到完全平行，即使一些有着近20年工龄的老工人，也得在较慢的速度下才能达到要求。但朱莉安娜亲自做的示范却又快又好，两条缝线像电脑制图一般没有一丝偏差。

朱莉安娜解释说，对缝线的要求并非故意"找茬"，而是保证西服内衬服帖有型的必要条件。这两道缝线不过关，就只能为中低端成衣企业供货，达不到顶级品牌的订单要求。她早年做学徒时，曾为缝好这两条平行线苦练了两个月。

培养"匠心"，也要避免"匠气"

对于国家从整个社会层面提倡工匠精神，近日参加米兰设计周的国内专业人士认为此举很有意义，但他们对比国内外的现实也指出了一些应注意的问题。北京国际设计周组委会办公室副主任孙群长期和中意双方的设计行业人士接触，在谈到对工匠精神的理解时，他表示，"工匠精神不是循规蹈矩的工艺美术，不是老老实实的埋头苦干，不是闭门造车的自我欣赏"。在他的认识中，意大利设计中的工匠精神体现在从设计到制造的全过程：在设计阶段，工匠精神体现在对文化与用户的理解与尊重上；在制造阶段，工匠精神体现在对工艺与技术的传承与创新上。

北京国际设计周组委会办公室常务副主任、联合国教科文组织国际创意与可持续发展中心筹备办公室主任陈冬亮认为，在设计领域要提倡精益求精，可以分为三个层次的追求：解决问题、创造需求、引领消费。他同时强调，呼唤工匠精神，应该培养"匠心"，但也要避免"匠气"。

《INTERNI设计时代》主编、清华大学美术学院教授杨冬江认为，工匠精神中首先包括了技艺层面的要求，是对审美、技术、细腻程度的一种追求。同时，他认为应该相对客观地来看待工匠精神这个问题，它可能更多的是提倡一种传承，在传承的基础上去有所创新，而不是简单地复古，它不是单纯地只存在于技艺层面，而在设计思想上、审美取向上、审美潮流的认识上也是一种推动，强调大众要更重视细节、精致度，但同时也要能很好地体现当前的发展潮流。

（宋健　新华社记者）

我在意大利的工作札记

朋友们告诉我这是一些有意思的个人记忆，应该记录一下，他们也希望我介绍一下这方面的情况——书法在国外到底什么情况呀？读书不多，写不出什么理论，所以就像写流水账一样记一点见闻，算是生活日志吧。

对我来说，首先这是一项教学任务。兰亭书法艺术学院较早开始了书法对外推广传播的工作，在新西兰、意大利、俄罗斯、加拿大等国家都开设了书法学堂，每年都有老师和学生要到国外上课，我很感谢能有这么个机会去领略今天的西方文化，有机会看到外国朋友对待中国文化的真实态度，当然也能有机会欣赏一下新西兰美丽的米佛峡谷、皇后镇，呼吸几口靠近南极的新鲜空气。

在我看来传播中国传统文化对内对外都是件好事，独乐乐莫如众乐乐，我们的东方艺术，毕加索都很崇拜，所以要分享不能敝帚自珍，并告诉他们这是一门承载远古文明的古老的东方艺术，有兴趣一起玩一把不是很好吗？但我们也不强求，臭豆腐喜欢吃，给他，但不老劝人家尝，随缘吧。况且，给你看就不错了，谁还强求你！这是我对不同文明的态度。较长时间以来，外国朋友看了很多中国雅和俗的艺术，也真够对不住他们的，因为出国办展和交流的作者很多自身水平了了，再说很多并不是真正的艺术从业者。有独立思想和较高艺术水平的艺术家则受限于多种条件无法出去展示，当然有些也是不屑于出去。我们的交流不敢谈什么代表性，但我们更多的是把王羲之、吴道子等介绍给他们，把中国园林、明清家具、文房图片展示给国外高校的学子们，把中国古典诗词的妙义、中国书画的林泉精神、农耕文明、人与自然的和谐等介绍给西方民众，因为外国人很少有福分能领略到中国传统艺术的精华，在这方面我们试图做出一点努力和尝试。

　　说到中国文化，有些外国人是真喜欢，如前些年很火的大山、朱利安等，普通话比我们有些国人讲得还好。在我们新西兰课堂上有一个学生约翰，年纪比较大，叫老约翰吧，长得五大三粗的，开个大皮卡，每天光脚丫子，在海滩、咖啡馆、开车都挽裤腿光脚丫子，他非常沉迷于中国文化。有一天，老约翰提了几个橙子到会馆找我，说是自己院子里种的，并邀请我去他家吃饭。他的庭院像一个北京四合院，在奥克兰算是比较大了，室内壁橱放了很多中国茶叶，墙上挂着我们学院学生写得很精致的小篆，正厅摆了喝功夫茶的茶桌，上面放着沈从文英文原著，或是林语堂，记不太清了，除了旁边熊熊燃烧的壁炉告诉我这是在新西兰，置身这个氛围感觉像是回到了中国。外国人没多少生存压力，爱好啥的都有，老约翰就是喜欢中国文化，汉隶写得比较有劲道。这世界上总有人喜欢这喜欢那，兴趣会找对人，人也会找到属于他自己的兴趣，不论天涯海角。

意大利这边生活细节上有很多和中国不太一样，刚开始很不适应，现在想想好多事情还是很有意思的。

由于我们的联系人已经为两校合作做了很多工作，我想衣食住行能自理就不必再麻烦别人了，所以我自己过来并没有让他们来接。第一次来这边看不懂意大利文字，一个人下了飞机还是有点发懵，推行李的小推车被拦住是要付费的，国内银行告诉我只有500欧元的大钞可兑换，让我下了飞机随便买点什么。眼下两欧元硬币的事儿让我想起英语课本上百万富翁的故事，我总不能掂着500欧元的大票子要那女的找吧？后来买了本旅游书，也看不懂，花了十几欧元，两件大行李放上，走几步拐了个弯就出了机场，出来立马后悔了，合人民币一百多啊，早知道这么近……当时考虑两件行李太大也太重又不知路多远，看人家要推咱就推呗……

这里的火车现在都分割得像国内的卧铺了，我在米兰往摩德纳的火车上认识了一哥们儿，胖胖的，腆着肚子，会讲英语的摩德纳人。一开始我们俩在一间，我把很大的箱子放到行李架上，由于行李架太窄我担心掉下来就从头顶挪移到旁边，他说没事儿不会掉下来。过了两站我们的小厢内满员，成了五六个人，行李在别人头顶上了，我才意识到推行李的做法有些不妥，怕丢中国人的脸呀，箱子那么重再费力气移回来？不成了我们电视上演的小品了吗！ 有些尴尬。他人很好，说他老婆来接他，还说如果我愿意他可以送我到住处，求之不得，因为我正犯嘀咕不会意大利语怎么乘公交车或打的呢。他开车带我在摩德纳市转了一圈，粗粗浏览了法拉利车展馆、摩德纳大学各个院系（分布在市内不同区域）、教堂等地，然后把我送到ASTOR HOTEl，留了联系方式，邀请他到中国玩，再次感谢他。

旅馆我网上订的，设施良好，想喝水但找不到烧热水的壶，有些纳闷儿，他们不喝水吗？找了半天在桌子底下发现了一个精致的小铁柜，像保险柜，却没有旋转密码锁，打开是水和各色饮料，也不贵，一欧元到几欧元不等，这时会想为什么一元人民币不能等于8欧元呢？后来知道欧洲酒店基本不提供烧水壶的，他们习惯喝冷水，或者到楼下要咖啡。在吃上我也有些民族情结，对西餐礼仪从不以为意，在新西兰有人专门给我们讲过咖啡的制作、种类等，也请了五星酒店的高级西厨给我们讲过西餐礼仪，记得光杯子种类就近两位数，啤酒的、红酒的、白兰地……高的、矮的、胖的，用途我基本记不住，因为没兴趣，但是咖啡入口，还是觉得好喝的。此时我又想起第一次参加新西兰总理宴会时，大家都在边吃边聊，只是我的餐具突然被服务员收走了，后来知道因为我的刀叉摆放是用餐完毕的意思，好歹差不多也算吃饱了，就不再要了。因为时差的原因，在意大利ASTOR HOTEL我起得特早，到楼下用早餐，整个大厅空空如也，两个服务生在搞形形色色的西餐，看上去就是多种点心和果汁，这个习惯让我想起了中国的早餐：油条、豆浆、小笼包，济南还有甜沫、胡辣汤，临沂的撒那汤那是更不用说了……没办法学着来吧，奶油抹面包，没筷子，刀切糕点，咖啡用的糖包有三四种，让我想起新衣服里面那小包干燥剂，明知是糖，强迫症又犯了，捏几粒尝尝甜的，放心喝。

手机上的翻译软件并不给力，所以只好摸索着来，到超市买东西人手一个pos机一样的机器，自己先扫好，我不太会操作没去用。买青菜要先认编号，拿到电子秤那儿，根据荧屏显示点击水果还是蔬菜，再根据满电脑屏幕选取自己的蔬菜种类，机器就打印出重量和价格自己粘贴，要诚信，粘好不能再往里装了。我想应该不难，因为老太太都会，就把蔬菜放上点击了蔬菜，一下子出来满电脑屏幕蔬菜，看得眼花不知是哪个，我就问旁边的人，幸好他懂点英语，告诉我回去看蔬菜编号，原来编了号的！我回去一看编号挂一排，下面蔬菜也排着好多，意大利蔬菜的洋字码名字咱哪认识啊，又得问人家，所以不会就得求别人。买洗衣液就更麻烦一点，我怕买成柔软剂或彩漂之类，导购不会英语更不会汉语，只好搜索百度图片洗衣粉给她看，幸亏图片里有粉末的，她认出来了，估计成包的图片她还是不认识。这里还在用一分、二分、五分、二十分、五十分的钱，结账时脑子转不过弯来，弄一把摊在手掌任她挑。如果买了手机SIM卡，小卡掰下来千万别扔掉大的，要输入下面的PIN码手机才能用，手机畅通了也别扔掉，过上几个星期，你手机没电了关机再开启它还要这个PIN码，一次去一个较远的地方我关机重启导致手机不能用，导航失效，只好回去。

这里图书馆都是免费开放的，可以提了笔记本电脑来学习一天，多是意大利语的书，英文的都很少，可以凭护照办理借阅。旁边有大的咖啡厅，提供各式餐点和各种咖啡，读书和咖啡在这是很小资的情调了。对图书馆的厕所我有些奇怪，门敲半天打不开，只好问图书管理员，她递给一把样子很古典的钥匙，完了锁好归还钥匙。我不知道意大利其他地方图书馆会不会这样，我觉得很不可思议的，这么大公共图书馆怎么能锁厕所门呢？

这里每条街道都标注了名字，但意大利文不往脑袋里挂，记不住，所以一开始早晨跑步跑远了我有点找不回来，有个办法是凭感觉往那条Via艾米丽大街跑，然后再跑到有雕塑的喷泉旁我就可以找回来了。街道两旁的建筑都比较高耸，有点高墙深锁的味道，让我想起这一带也曾是欧洲文明的主要发源地，在这高墙里面仿佛锁住了很长的历史文化，从但丁、乔托、达·芬奇、米开朗基罗到帕瓦罗蒂……这里产生了太多的文艺巨匠。

国外上课很自由，学生因事不来没有什么纪律约束，在意大利和新西兰都是十几个学生，上课时常常不足十个，俄罗斯那边学生多些，可能分了两个班，每个班都有十五个人。新西兰奥克兰大学的学生是修中文专业的，中文讲得还不错，基本大意可以沟通，加上我这半瓶英语，两下一凑交流比较顺畅。但意大利学生中文只会你好再见什么的，她们讲意大利语的舌头每一个字都要弹跳一番，交流费劲一点。临摹的字帖里面很多字她们不认识，只好一个字一个字地给她们讲，我私下想中国文化这么博大精深，你们连个字都认不好，什么时候可以学有建树啊，还练字，这不是耽误时间、耽误挣钱、耽误发展吗？这才发觉自己被异化得满脑子固有价值观。

这是我的工作，也是文化交流的使命，有些时候会遇到一些困难，但想想也是很有意思的经历，李白说过，人生乃时光之逆旅，所以我们应该好好体味，好好珍惜。

（苏晓敏　绍兴文理学院副教授，书法家。）

我与"意"国的不解之缘

人生的旅途貌似就像一首歌儿，跌宕起伏，有甜也有苦，但这一切又都是最好的安排！

总觉得与意国有不解之缘分，要不然如何能够跨越"十万八千里"来到这里。那个时候的我还是一个肌肉发达的体育生，如果不告诉你，你永远不会再看到现在样子的我后联想起5年前的那个壮实男孩。

5年前，当我还是一名学生时，奔跑在学校的每一个角落，因为要紧张备考体育，在教练的带领下，我们几乎每天都在紧张的训练中。还好我的训练成绩一直都和我的努力程度成正比，甚至在最后的考试成绩中专业分数也是全校最高的。也还好我的文化成绩不是我想象中的那么好。于是，我成功地踏上了意大利，莫名地上了酒店管理专业。

对于外面世界的憧憬，相信每个人都有，但当你真正踏进这个陌生的国度，一切又好似变得不那么简单了。你会开始重新审视自己，规划之后的方向，你需要重新去了解一个地方，以至于去适应，你甚至必须要爱上这个地方，就像你来之前那样的爱。然后你就要开启全新的生活了。

我开始每天上着枯燥又听不懂的专业课，那个时候的我真算蛮勤快，除了上课我还兼职两份工作，一份是教一些华人弹吉他（对，我还有这项技能没有说，一直热爱音乐的我，现在还可以靠这个谋些小利）；另一份是晚上在一家中国餐厅打杂，前面那份工作现在先不提了，主要说一说餐厅的工作。从来没有干过什么活儿的我，因为和家里人赌气，在朋友的帮助下，竟然顺利地跑到了餐厅的后厨帮忙。餐厅的老板觉得小伙儿人不错，主要是我告诉他我力气大，就把我留了下来，我当然什么都不懂，接下来的事情可不顺利，一开始厨师们叫我帮忙切一些葱姜蒜什么的，我当然也不会，在他们训骂声和鼓励中我也慢慢学会了，以至于后来劈北京烤鸭等。一共在这个餐厅大概待了两个月，这也算是我人生中第一次工作吧，兼职可能是很多人都会经历的一件事吧，通过自己的努力为家人减轻一些负担，学习到一些小技能，也能够更直观地了解这个国家各个层面。

通过这次餐厅的经历后，让我着实明白了不少，也开始重新审视自己。那时候的生活确实不好过，没有太多的朋友，做的也不是自己喜欢的事情，心想着早点结束学业，早点回国。落差感肯定是有的！

偶然的一次机会让我看到了一丝希望，华人网络平台上正在报名唱歌比赛，其实当时并没有想太多就报名了，心里想着要是能拿个刚出的苹果手机也好，因为刚好得换手机了，对于音乐这块我还是蛮自信的，学了多年吉他，在中国也拿过好多唱歌比赛奖。之后的一段时间我一直在准备着参赛的曲目，因为没有很好的硬性条件，我只能在晚上下班选择走路回家，然后一路练着歌回去，那时候我有了第二次餐厅兼职的工作。你可能会觉得这个画面很凄惨，是的，意大利的隔音是出了名的差，住我隔壁房的大爷已经警告我好几次了！就是在这样的条件下我最终走到了意大利华人歌手的总决赛，并且没能顺利拿到想要的手机，却拿了一个苹果笔记本电脑，第一名！当叫到我的名字的时候自己真没敢相信。第一次在"意"国他乡受到了肯定，让我开始自信起来，也捡回了不少我这一年里丢失的阳光。因为这次比赛我交到了更多有共同爱好的朋友，也认识了不少在之后帮助我的人。我想兴趣和特长真的在很多时候能够帮助到自己，通过同样的兴趣爱好，你能结识更多有意思的人和事。

我貌似开启了一番新生活，在空闲时间，我更多地去教一些华人弹吉他，甚至在20平米家里办起了吉他教室，我开始去组乐队，这是我在意大利组的第一支乐队，当然都是中国人，那时候我还没有真正融入意大利人的生活，当然语言也是非常关键的问题。我开始更多地接触华人的文化生活，也经常参加一些文化活动，慢慢地，在华人圈里也都"混"熟了，开始有了些存在感。

之后的一次机会，我参加一个更大唱歌比赛，直接是有幸代表意大利华人与全世界的华人在北京的一个比赛，一个月的比赛下来我取得了非常好的成绩，也拿了应有的奖杯。各种杂志和电视的采访，让我觉得自己俨然成为一名小明星。

回到意大利的生活后一切又回到平静。本以为我会有更好的发展，期望越大失望也就越大，这个时候的我已经没有再读书了。生活还得继续。我开始慢慢地沉淀、学习，也开始越来越喜欢这个国家了。意大利人的热情、善良与包容，让人觉得温暖；意大利生活的安逸、闲情与浪漫，让你没办法拒绝。所以我最终选择留下来。

之后通过我这些年的积累和一些朋友的帮助，开始做起了策划、文化交流. 当然音乐不能少。现在也在筹备着做乐队的专辑。

生活在意大利，不能缺少意大利元素，我也开始融入意大利人的生活中，与意大利的一些音乐家们沟通交流音乐，也一起演出。 意大利人学习音乐的思维还是与中国有些区别的，意大利人把艺术素养根植于心，这也是为什么他们如此浪漫与充满激情。 他们从上小学开始，学校里就会培养孩子们学习自己喜欢的乐器。 在大街小巷里你随时可能被远处的琴声或歌声所吸引，他们乐在街头表演，把快乐带给每一个人。

和意大利人交流音乐是一件很快乐的事情，你会发现当你在和他们玩音乐的时候，每一个都是那么纯真与真实，他们愿意把他们所知道的东西都分享给你，没有保留。

生活在意大利你会感受到浓浓的艺术气息。可以说这些气息散发在每一个生活在这里的人身上。五年的时间让我改变了很多，所以当你开始融入他们的生活时，你才是真正地踏入了这片土地。

我相信之后的路还很长。 回头一看好似昨天刚来到这里，一切都没有变，还是那个美丽的国度，窗外已经开始有鸟鸣了。

人生的旅途就像一首歌，跌宕起伏，有甜有苦，这一切都是最好的安排！

2018年3月16日

（毛轩轩　米兰知名策划人，行走的耳朵乐队主唱）